OPINION

D'UN JURISCONSULTE.

On trouve chez le même Libraire les Ouvrages suivans,
du même Auteur :

DE LA RESTITUTION des biens des Émigrés, sous le triple rapport du droit public, du droit civil et de la politique ; et DE LA RÉVOCATION de la loi du 25 octobre 1792, qui a aboli les Substitutions. 2e édit. 1814. 1 vol. de 120 pages, prix : 1 fr. 50 cent.

DU RÉTABLISSEMENT des Rentes Foncières mélangées de féodalité abolies sans indemnité par les lois des 6 juillet et 25 août 1793 ; et de la Jurisprudence de la Cour de Cassation et du Conseil d'État sur ces lois. 1814. 1 vol. de 200 pag., prix : 2 fr.

OPINION D'UN JURISCONSULTE sur diverses questions concernant les dettes contractées par les Émigrés antérieurement à la mort civile dont ils ont été frappés, et à la confiscation de leurs biens. 1819. 1 vol. de 200 pag., prix : 2 fr.

RÉFLEXIONS sur les moyens de faire cesser la différence qui existe, dans l'opinion, entre la valeur des biens patrimoniaux et les biens dits nationaux. 1821. 1 vol. de 116 pag., prix : 2 fr. 50 cent.

LEBEL, IMPRIMEUR DU ROI,
Rue d'Erfurth.

OPINION
D'UN JURISCONSULTE,

CONCERNANT

LA CONFISCATION, LA VENTE DES BIENS DES ÉMIGRÉS,
ET LA CONFIRMATION DE LA VENTE DE CES BIENS
PAR L'AUTORITÉ ROYALE.

> Sciendum est, posse subditis jus quæsitum
> auferri, per Regem, ex vi supereminentis
> dominii : sed ut id fiat, primùm requiritur
> utilitas publica ; deindè ut, si fieri potest,
> compensatio fiat ei qui suum amisit, ex com-
> muni. *Vid. Grotius, lib.* II, *cap.* xiv, § 6.

PRIX : 2 FR. 50 CENT.

PARIS,

DELAUNAY, LIBRAIRE, PALAIS-ROYAL,
GALERIES DE BOIS.

1824.

INTRODUCTION.

LES difficultés de toute espèce que Sa Majesté Louis XVIII a surmontées depuis son retour en France, étoient immenses. Ses efforts, dirigés par la plus haute sagesse et par une prudence consommée, ont été suivis, pour le bonheur de la France, d'un entier succès. Ce prince a vaincu la révolution, non-seulement en France, mais encore en Espagne.

Parmi les difficultés de la position du Roi, rentrant seul en France, au milieu des institutions nouvelles qui l'avoient gouvernée durant la longue absence de son souverain légitime, la plus grande étoit celle de ce prince envers les émigrés, dont les biens avoient été vendus. Combien il a dû coûter à son cœur paternel de confirmer la vente de leurs biens! Ce sacrifice, présenté comme nécessaire, par les hommes qui, pour le malheur de la France, obtinrent une dangereuse influence dans les conseils des souverains de l'Europe à la première restauration en 1814, n'a pu être fait qu'avec l'intention d'accorder des indemnités à

a

ces fidèles serviteurs, pour les dédommager de leurs biens, qu'une fausse politique empêchoit de leur restituer, en indemnisant les acquéreurs et possesseurs de ces biens. La seule gloire que Sa Majesté Louis XVIII puisse ajouter à celles qu'il a déjà acquises, est celle d'une loi d'indemnité pour les émigrés; loi urgente, dont on peut dire qu'elle est commandée encore plus par la politique que par la reconnoissance envers des sujets fidèles et dévoués.

Les considérations les plus élevées se réunissent en faveur de la loi d'indemnité.

Considérations d'ordre fondamental de la société; en rendant hommage au droit de propriété qui en est la base. *

Considérations d'ordre politique et monarchique : la légitimité des propriétés particulières est le plus sûr appui de la légitimité des trônes.

Considérations de paix publique et d'union entre les sujets: l'union ne peut pas subsister entre les anciens et les nouveaux propriétaires des biens confisqués sur les émigrés, ni entre leurs héritiers, tant que, par une juste indemnité, on n'aura pas rendu aux anciens propriétaires la valeur des biens dont ils ont été dépossédés, ou qu'ils ne seront pas rentrés dans leurs biens, par des traités qu'ils pourront faire avec les possesseurs actuels, quand l'indemnité qui leur aura été payée par l'État les mettra dans le cas de racheter ces biens. L'exemple des troubles continuels de l'Irlande en fournit une preuve irrécusable.

Considérations de finances : depuis la restauration, tous ceux qui se sont occupés des finances de la France, ont jugé que l'indemnité des émigrés étoit une mesure indispensable pour consolider le crédit public. Cette opinion est celle de M. Lafitte et de M. Armand Séguin, dans un Mémoire que ce dernier a publié tout récemment sur les finances. Il est notoire que les immeubles provenant de confiscations sur les émigrés, n'ont pas, dans le commerce, la même valeur que les immeubles patrimoniaux; cette différence que met l'opinion publique dans la valeur de ces biens, fait qu'ils se vendent plus difficilement, et à des prix inférieurs à ceux des biens patrimoniaux; de là résulte une perte considérable pour le trésor public, qui perçoit sur le produit des ventes un droit proportionnel.

Considérations de sécurité pour les acquéreurs: il n'y a que le paiement d'une juste indemnité aux anciens propriétaires, qui puisse donner une entière sécurité aux acquéreurs et détenteurs des biens des émigrés. Il est reconnu aujourd'hui que la loi d'indemnité est autant sollicitée par les acquéreurs que par les anciens propriétaires. C'est

l'aveu que fait M. Armand Séguin [1], dans le Mémoire précité. On lit dans ce Mémoire ces passages remarquables : « L'intérêt incontestable et très-
» important de la plupart des propriétaires fon-
» ciers qui, par suite d'une mesure sage, équitable
» et politique, doivent voir disparoître une dété-
» rioration trop prononcée dans une fortune de
» plus d'un milliard.

» Accueillons ceux qui, soit par intérêt parti-
» culier, soit par intérêt général, saisissant l'une
» des circonstances les plus favorables à l'adop-
» tion de leurs justes vœux, sollicitent avec l'é-
» nergie du bon droit une convenable indemnité
» pour de violentes dépossessions, indemnité fa-
» cilement réalisable, et devant, si elle est bien
» combinée, contribuer efficacement à la prospé-
» rité de l'État.

» Faisons droit à de justes réclamations, que
» notre intérêt réel et bien entendu nous porte
» non-seulement à ne pas repousser, mais même
» à prévenir. »

Considérations d'intérêt pour les créanciers des émigrés antérieurs à la confiscation de leurs biens. Les droits de ces créanciers contre leurs débiteurs

____

(1) M. Séguin est connu par son immense fortune, par son habileté en matière de finances, et il possède des biens provenant d'émigrés.

sont aujourd'hui très-sérieusement contestés. Les débiteurs se fondent, pour soutenir que les droits de leurs anciens créanciers sont éteints, sur ce que, d'après la jurisprudence de la cour de cassation, la loi du 5 décembre 1814, en rendant aux émigrés ceux de leurs biens non vendus, leur a fait une restitution de grâce; espèce de restitution qui n'a pas fait revivre contre eux les dettes que les lois de confiscations avoient mises à la charge de l'État, en les déclarant *dettes nationales*. Un arrêt célèbre de la cour royale de Dijon, qui a été suivi par des décisions d'autres tribunaux, a accueilli ces moyens des débiteurs émigrés, et la cour de cassation hésite à prononcer sur cette grave question; sa solution ne laissant d'autre alternative que de changer la jurisprudence de cette cour, sur le caractère de la remise des biens faite aux émigrés par la loi du 5 décembre 1814, ou celle de la même cour, sur les dettes des émigrés, — Si une indemnité étoit accordée aux émigrés, à titre de justice, les dettes des créanciers pourroient et devroient alors être payées par les émigrés débiteurs. Il faudroit décider le contraire si l'indemnité étoit donnée à titre de grâce.

Enfin, considérations de morale : le dévouement des fidèles sujets du Roi ne doit pas être pour eux la cause de leur ruine et celle de leurs familles. Il est juste que la loi d'indemnité, en transmettant le souvenir d'un grand acte de la justice et de la puissance royale, « rappelle à la » postérité que les maximes tutélaires qui assu- » rent la stabilité de l'ordre légitime, assurent » également la conservation des patrimoines des » familles (1). » En récapitulant les considérations précédentes, il en résulte que la loi d'indemnité satisfait tous les intérêts :

Les intérêts de l'État,

Les intérêts des acquéreurs et possesseurs des biens des émigrés,

Les intérêts des émigrés,

Les intérêts de leurs créanciers.

Une seule question peut être faite : Le moment est-il venu de proposer la loi d'indemnité?

Nous répondrons à cette question, en emprun-tant les expressions de l'auteur de l'article remar-quable, inséré dans le Journal des Débats du 22 novembre 1823 (2) : « Que gagneroit-on à dif- » férer l'établissement d'une loi nécessaire? Dans » le caractère français, rien de plus fatal que les » hésitations et les retards : chose si vraie, qu'aus-

(1) Voyez le préambule de l'édit du roi de Sardaigne, du 22 septembre 1818.

(2) On sait que cet article est de M. le vicomte de Château-briant.

» sitôt qu'une résolution est prise, fût-elle dou-
» teuse ou même mauvaise, l'esprit public se
» calme, les obstacles s'aplanissent ; à plus forte
» raison, quand il s'agit d'une mesure salutaire
» dans ses résultats, sans danger dans son exécu-
» tion. »

Il est de l'intérêt de tous, que la loi d'indemnité des émigrés ne soit pas plus long-temps différée : intérêt de l'État, intérêt des acquéreurs, intérêt des émigrés, intérêt de leurs créanciers, tout concourt pour en solliciter la réalisation.

Si le ministère veut donner des institutions monarchiques, seules garanties de la couronne contre les attaques de la démocratie, la loi d'indemnité des émigrés doit être la base sur laquelle ces institutions doivent s'élever : ce sont les fondations qu'il faut creuser, et sans lesquelles on tenteroit inutilement de reconstruire avec solidité l'édifice de nos nouvelles institutions monarchiques.

Il existe encore pour les hommes d'État, dont les vues politiques s'étendent au-delà du moment présent, des considérations puissantes pour ne plus balancer à proposer à la prochaine session la loi d'indemnité des émigrés. L'Europe est aujourd'hui dans un état de paix qui est une des causes principales de la prospérité de la France;

mais il seroit sage de prévoir une guerre entre
quelques-unes des puissances de l'Europe. Diverses causes doivent entraîner plus tôt ou plus tard
une guerre entre la Russie et l'Angleterre; la France
peut être obligée de prendre parti pour l'une de
ces puissances, et, dans tous les cas, elle devra se
préparer à maintenir, par la force des armes, sa
neutralité, si elle ne jugeoit pas de son intérêt de
prendre une part active dans cette grande lutte.
Ce ne seroit pas alors le moment de proposer une
loi d'indemnité pour les émigrés, lorsque la guerre
augmenteroit les dépenses de l'État. Il importe
d'ailleurs que le gouvernement soit fort dans l'intérieur, pour obtenir plus d'influence dans la ba-
lance des puissances de l'Europe; il faut ôter à
l'étranger les moyens de relever le parti révolu-
tionnaire, sous le prétexte des inquiétudes causées
aux intérêts matériels de la révolution. Qu'on se
rappelle que l'indemnité des émigrés, décrétée
en 1814, eût prévenu ou empêché le fatal 20 mars,
qui a tant coûté à la France, comme l'édit d'indemnité du roi de Sardaigne, du 22 septembre
1818, a empêché dans le duché de Savoie et dans
le comté de Nice les progrès de l'insurrection du
Piémont. Les acquéreurs de biens nationaux,
parfaitement tranquilles sur leurs propriétés, par
l'effet de l'indemnité promise aux anciens proprié-

taires, se sont opposés, dans cette partie des états du roi de Sardaigne, à tout mouvement d'insurrection.

Depuis le congrès d'Aix-la-Chapelle, au mois d'octobre 1818, le ministère français s'est occupé sérieusement de la loi d'indemnité pour les émigrés : soit que cette indemnité eût été stipulée comme une condition secrète de la retraite des troupes étrangères, avant le délai fixé par le traité du 20 novembre 1815 ; soit, ce qui est plus vraisemblable, que Sa Majesté Louis XVIII eût jugé dès cette époque, qu'il étoit temps de préparer une loi sur un objet aussi important, il est certain que, dès l'année 1818, M. le duc de Richelieu, alors président du conseil des ministres, fit réunir les documens nécessaires pour constater le montant des biens immeubles, vendus par suite de confiscation sur les émigrés, en même temps qu'il demanda à plusieurs personnes des projets pour réaliser le paiement d'une indemnité aux anciens propriétaires. Ce qu'on ne sait peut-être pas, c'est que ce fut sur les invitations, plusieurs fois réitérées, de ce ministre et de ses collègues, pendant la session de l'année 1820, tenue au commencement de l'année suivante, que furent publiés les écrits de MM. *Bergasse*, de *Montlosier*, et *Dard*, sur les biens nationaux ; écrits qui furent attaqués avec beaucoup de violence, à la tribune de la chambre des députés, et dans des pamphlets publiés à l'époque des élections qui suivirent cette session. Les ministres, effrayés un moment par la révolution du Piémont, crurent devoir faire le sacrifice d'une grande victime, en traduisant M. Bergasse devant la cour d'assises. Quand on vit un tel homme comparoître sur les bancs des accusés, l'indignation fut générale. Les jurés prononcèrent, à l'unanimité, l'absolution du prétendu coupable, qui d'ailleurs trouva plutôt un vengeur et un admirateur, qu'un accusateur, dans M. l'avocat-général Marchangy, qui porta la parole dans cette cause. Après cette satisfaction momentanée, donnée au parti libéral, et la révolte du Piémont étant apaisée, le ministère se prépara à présenter la loi d'indemnité. Il s'agit d'abord de poser les bases de cette loi, et de décider si l'indemnité seroit donnée aux anciens propriétaires à titre de grâce, ou à titre de justice. Cette question, sur laquelle le conseil des ministres étoit divisé, fut soumise à un jurisconsulte, M. *Dard*, lequel, dans une consultation, en date du 20 août 1821, qui ne devoit point d'abord être imprimée, n'hésita pas à décider que l'indemnité ne pouvoit être accordée qu'à titre de justice, et non à titre de grâce. C'est cette consultation que nous publions aujourd'hui, parce que nous sommes convaincus que le ministère proposera, à la session prochaine, la loi d'indemnité, et qu'il est important que cette loi ne repose pas sur des bases fausses. Nous y avons joint le texte des principaux arrêts rendus en interprétation de la loi du 5 décembre 1814, et le texte de l'édit du roi de Sardaigne, du 22 septembre 1818, qui a accordé une indemnité à ceux de ses sujets du duché de Savoie et du comté de Nice dont les biens avoient été vendus, en vertu de nos lois sur l'émigration, mises en vigueur dans cette partie de ses États après la conquête qui en fut faite par les armées françaises.

Si on demandoit pourquoi une consultation délibérée en 1821, et même imprimée à cette époque, n'a été publiée qu'en 1824, voilà la réponse à cette question, que pourra faire plus d'un lecteur.

Oui, la consultation que nous publions étoit imprimée au mois de décembre 1821, lors de la chute du précédent ministère. L'auteur avoit incontestablement le droit de la rendre publique, et surtout celui de dire, ce qui étoit vrai, que le ministère, qui venoit d'être renversé, avoit résolu de proposer la loi d'indemnité pour les émigrés; mais les nouveaux ministres, par l'organe du mi-

nistre de l'intérieur, leur collègue, lui représen-
tèrent que le ministère n'étoit pas assez fort pour
proposer la loi d'indemnité; que sa majorité n'étoit
pas assez bien établie, ayant contre lui les députés
du côté gauche, ne pouvant pas compter sur le
centre, et n'étant pas sûr des députés qui étoient
désignés alors sous le nom du parti de M. Lainé;
qu'il étoit plus prudent de ne pas compromettre
le ministère par la proposition d'une loi de cette
importance, et de la renvoyer à la session suivante.
Ces raisons décidèrent l'auteur à suspendre la publication de son travail.

La session de l'année 1822 fut trop courte pour
pouvoir proposer la loi d'indemnité. D'ailleurs,
on se rappelle que le ministère fit passer, dans
cette session, la loi sur les canaux, à laquelle se
rattachoient beaucoup d'intérêts généraux, et
peut-être des intérêts particuliers : il fallut donc
remettre à la session suivante la loi d'indemnité.
Les membres de la chambre des députés les plus
disposés à voter en faveur de cette loi, demandèrent eux-mêmes cette remise, ne prévoyant pas
alors, non plus que les ministres, que quelques
mois plus tard les affaires de l'Espagne nécessi-
teroient une intervention armée de la part de la
France.

Les dépenses nécessitées par la guerre d'Espagne, firent encore ajourner la loi d'indemnité; et il est remarquable que, dans cette occasion, les personnes les plus intéressées à ce que cette loi fût rendue, et qui, les années précédentes, l'avoient sollicitée auprès des ministres, et dans les deux chambres, avec les plus vives instances et la plus grande énergie, non-seulement cessèrent toutes leurs sollicitations aussitôt que le discours de la couronne eut annoncé l'intention de faire la guerre à la révolution en Espagne, mais encore elles résistèrent aux insinuations par lesquelles le ministère, qui alors ne vouloit pas la guerre d'Espagne (1), chercha à les intéresser au maintien de la paix, par l'espoir des indemnités. Les émigrés firent sans murmurer le sacrifice de leur intérêt personnel à celui de la monarchie. La chambre des députés accorda aux ministres tout ce qu'ils lui demandèrent pour la guerre d'Espagne; de leur côté, les ministres promirent à la majorité de la Chambre, de proposer dans la session de l'année 1824, la loi d'indemnité pour les émigrés, si la

---

(1) On se rappelle les articles du Journal des Débats, en opposition à la guerre d'Espagne; l'ordonnance du mois de décembre, qui renvoya dans leurs foyers environ quarante mille hommes des plus anciens soldats de l'armée, qu'il fallut rappeler sous les drapeaux quelques jours après, sous le nom de vétérans, ce qui occasionna des dépenses considérables.

guerre d'Espagne étoit terminée. Cette loi sera donc présentée dans la session qui va s'ouvrir, car on ne pourroit pas supposer aux ministres, parmi les motifs secrets de la dissolution de la chambre des députés, celui de ne pas vouloir tenir à la Chambre nouvellement nommée la promesse de la proposition de l'indemnité, solennellement faite à la Chambre qui a voté les fonds pour la guerre d'Espagne.

D'après des documens qui nous ont été communiqués, et que nous sommes autorisés à regarder comme authentiques, par la source d'où ils ont été tirés, la valeur de tous les biens confisqués et vendus sur les émigrés, déduction faite des dettes payées pour eux par l'État, et dont ils ont été libérés, n'excède pas la somme de cinq cents millions de francs en capital, en estimant les biens vendus, au taux de 1790. Si le paiement de l'indemnité étoit fait en rentes sur le grand-livre, la somme de vingt-cinq millions de francs seroit nécessaire pour donner une indemnité complète, en donnant la rente à cinq pour cent; ou celle de vingt millions de francs, si la rente n'étoit constituée que sur le pied de quatre pour cent; c'est cette somme que le précédent ministère avoit destinée aux indemnités des émigrés. On ne doit pas craindre que le ministère actuel traite les émigrés avec moins de justice qu'ils ne l'auroient été par leurs prédécesseurs.

D'ailleurs, en considérant la loi d'indemnité comme elle doit l'être par tous les véritables hommes d'État, c'est-à-dire comme une loi de justice, et non comme une loi de grâce ou de faveur, l'indemnité payée aux anciens propriétaires doit être complète et entière, pour légitimer le droit de propriété entre les mains des acquéreurs des biens des émigrés et de leurs ayans-cause. Elle doit encore être complète et entière, pour faire cesser la différence, si préjudiciable au trésor public, entre les biens provenant des confiscations faites sur les émigrés, et les biens patrimoniaux. C'est dans l'intérêt de la propriété, c'est dans l'intérêt du trésor public, qu'il importe essentiellement que l'indemnité payée aux émigrés se rapproche le plus qu'il sera possible de la valeur réelle des biens vendus, afin que, dans l'opinion publique, la valeur vénale des biens provenant des émigrés approche le plus qu'il sera possible de celle des biens patrimoniaux.

Nous avons entendu faire une objection à laquelle nous devons répondre. On a dit : Les émigrés, en admettant qu'ils soient fondés à réclamer une indemnité contre l'État, pour leurs biens vendus, sont des créanciers de l'État; or, tous les créanciers de l'État ont été payés au tiers; les émigrés ne peuvent donc pas exiger plus du tiers de leurs créances.

Nous répondons (en faisant pour un moment abstraction des considérations politiques et financières qui réclament le paiement de l'indemnité en entier), qu'il y a erreur et injustice tout à la fois, à assimiler les émigrés à ceux des créanciers de l'État dont les créances ont été réduites au tiers. Il y a erreur, en ce que les créances qui ont été soumises à cette réduction, provenoient des anciennes dettes contractées par l'État envers les prêteurs qui avoient volontairement placé leurs fonds sur l'État, et qui, en faisant ce placement, avoient pu ou dû prévoir une réduction possible dans leurs capitaux; et c'est par cette raison, que les emprunts faits par le Roi donnoient des bénéfices plus grands que l'emploi des mêmes capitaux en immeubles, qui présentoient une plus grande solidité.

Les lois sur la réduction de la dette publique ne peuvent s'appliquer qu'aux créanciers volontaires de l'État, et les émigrés ne peuvent pas être rangés dans cette classe pour les créances résultantes de la confiscation et la vente de leurs biens. Leur position, si en les réduisant au tiers on ne leur allouoit les intérêts que du jour de la loi d'indemnité, ne seroit pas égale à celle des autres créanciers de l'État, qui depuis plus de vingt années perçoivent les intérêts du tiers de leurs créances réduites. Il y a injustice, en ce que tous les créanciers de l'État n'ont pas été soumis à la réduction de leurs créances au tiers : les nombreux créanciers de l'État, dont les créances provenoient de marchés passés avec le gouvernement impérial, avant la chute de ce gouvernement, en 1814, et pendant les cent jours, créances qui étoient bien librement et volontairement contractées, ont été payés sans aucune réduction, et avec un intérêt de six pour cent par an. Pourquoi voudroit-on assimiler les émigrés aux créanciers de l'État qui ont subi la réduction des deux tiers, plutôt qu'aux autres créanciers payés en entier, et avec intérêt à six pour cent ? Singulier aveuglement produit par l'esprit de parti, joint à la cupidité ! S'agit-il des dettes contractées par des usurpateurs ou par des gouvernemens de fait, pour combattre et renverser des souverains légitimes, ou pour leur imposer des constitutions ? il faut les payer intégralement : on ne peut rien en rabattre sur le capital, ni sur les intérêts, sans nuire au crédit public. S'agit-il des dettes contractées par les légitimes Souverains ? c'est alors un autre langage, on ne peut pas les payer en entier sans porter atteinte au crédit public. De bonne foi, peut-on être dupe de pareilles jongleries?

En résumé, nous pensons que si les émigrés n'étoient indemnisés qu'au tiers, d'après la valeur de leurs biens en 1790, il seroit vrai de dire que les acquéreurs y gagneroient plus que les anciens propriétaires; la valeur que les biens des émigrés acquerroient dans l'opinion, égaleroit, ou même excéderoit la quotité payée par l'État aux anciens propriétaires. La restauration ne paroîtroit avoir été faite que pour consolider les intérêts révolutionnaires, et pour leur donner sous le gouvernement légitime, une sécurité et une faveur qu'ils n'avoient pas sous le gouvernement impérial.

On ne doit pas cependant s'y tromper, les acquéreurs n'obtiendroient par là qu'une fausse et trompeuse sécurité. Ceux des anciens propriétaires qui consentiroient à accepter l'indemnité du tiers, seroient portés à la considérer moins comme un paiement réel de leurs biens, que comme un dédommagement pour les jouissances dont ils ont été privés. Ce seroit inutilement qu'on exigeroit de l'ancien propriétaire qu'il signât un contrat de vente, en recevant le paiement de l'indemnité; il seroit toujours impossible de détruire dans l'opinion les idées qui se présenteroient, que cette vente n'a pas été librement consentie, que l'ancien propriétaire y a été forcé par le besoin; que dans un temps plus ou moins éloigné, il pourra se faire restituer contre un pareil acte par la lésion d'outre moitié, ou par d'autres motifs fondés sur le droit et sur l'équité. Il nous suffira d'avoir indiqué une partie des inconvéniens de l'indemnité incomplète. Nous terminerons par une dernière considération. Sa Majesté le roi de Sardaigne, par son édit du 22 septembre 1818, a accordé aux anciens propriétaires une indemnité en rentes perpétuelles sur les finances royales, représentant, à un sixième près, le revenu en fonds et capitaux par eux perdus, au taux de quatre pour cent. Sa Majesté Louis XVIII ne sera pas moins juste envers ses fidèles sujets, que ne l'a été le roi de Sardaigne envers les siens. Après un si noble exemple, réduire au tiers l'indemnité à payer, seroit publiquement reconnoître que les finances de la France sont dans un état moins florissant que celles du royaume de Sardaigne, et que le roi de France peut être surpassé en justice et en générosité par un autre souverain de l'Europe.

On croit devoir dire en finissant, que, dans une question d'une si haute importance, il ne faut jamais perdre de vue l'intérêt moral de la société. Si en effet les émigrés ne sont pas satisfaits, on sera donc autorisé à penser que la violence est légitime, que la probité n'est qu'un vain nom, que les principes d'honneur, qui autrefois dirigeoient nos pères, ne sont plus que des préjugés ridicules, et qu'attenter à tous les droits qui déterminent les rapports vrais des hommes entre eux, pour peu que les circonstances favorisent, ce n'est rien entreprendre que le temps ne puisse absoudre ou légitimer un jour. Que deviendra l'ordre social, si de pareilles maximes, après avoir trouvé des personnes intéressées à les mettre en pratique, pouvoient encore trouver des défenseurs? Qu'on se persuade bien que les lois ne sont rien si elles n'ont un but essentiellement moral : que c'est de ce but moral qu'elles empruntent leur action sur les consciences : qu'aussitôt que ce but est manqué, elles corrompent et ne gouvernent plus, et que tout empire qui n'emprunte sa force que d'institutions qui corrompent, renferme en lui des causes de désordre et de ruine, qui, un peu plus tôt ou un peu plus tard, en achèveront les dernières destinées.

CONSULTATION.

Vu plusieurs Mémoires à consulter, dans lesquels sont posées diverses questions, qui peuvent se réduire aux deux suivantes :

« 1º Les assemblées françaises, dites *nationales*, ont-
» elles pu légalement prononcer la confiscation des biens,
» soit sous le prétexte de l'émigration des propriétaires,
» soit pour toute autre cause ?

» 2º Si les confiscations prononcées par ces assemblées
» sont illégales, le souverain légitime a-t-il pu valider les
» ventes qui ont été faites des biens confisqués, sans au-
» cune indemnité aux anciens propriétaires que ces ventes
» ont dépossédés ? »

Le Conseil soussigné estime, sur la première question, que, d'après les principes les plus certains de l'ancien droit public de la France, le pouvoir législatif et consti-tuant que se sont arrogé les assemblées dites *nationales* étoit un pouvoir usurpé et illégal (1), et que les actes

(1) « La révolution française, proprement dite, *fut une usurpation;* et
» elle commença le jour même, où, infidèles au mandat des ordres de
» l'Etat qu'ils représentoient, et s'appropriant violemment des pouvoirs
» qu'ils n'avoient pas, les états-généraux *usurpèrent* la puissance législative
» et souveraine, dont le roi Louis XVI, dans sa généreuse et vive sollicitude
» pour le bonheur de son peuple, vouloit, avec leur concours, régler l'exer-
» cice. » (Extrait du *Moniteur*, du vendredi 19 octobre 1821.) *Note de*
l'Éditeur.

émanés de ces assemblées, nuls en eux-mêmes, ne sont valables aujourd'hui que parce qu'ils ont été maintenus directement ou indirectement, depuis la restauration, par l'autorité légitime, pour cause d'intérêt public (2).

Sur la seconde question, que le souverain légitime, en vertu du droit *de domaine éminent*, a pu déclarer et reconnoître qu'il étoit de l'intérêt public de maintenir les ventes des biens des émigrés, quoique ces ventes ne reposent que sur des confiscations illégales; mais que le droit de propriété, qui n'a point cessé d'appartenir aux anciens propriétaires dépossédés, n'a pu être anéanti définitivement par l'autorité légitime, qu'à la charge de les indemniser.

La première question exige, pour recevoir une solution complète, l'examen et la discussion de trois autres questions.

1º Quelle est la nature du pouvoir dont la première des assemblées nationales étoit investie par le droit public de la France, et par les cahiers de ses commettans ; et quelle autorité appartient aux actes des autres assemblées nationales ?

2º Ces assemblées ont-elles pu légalement confisquer les biens des émigrés?

3º Les lois qui ont prononcé la confiscation des biens, pour cause d'émigration ou pour toute autre cause,

. (2) « La Charte n'est pas une transaction; elle est une loi qui rétablit
» l'ordre dans le désordre, et fait succéder le *droit* à la force. Dans les
» intérêts nés pendant trente ans de l'absence même de l'ordre, elle est la
» reconnoissance de ce qui est nécessaire à l'ordre même. Ces intérêts,
» elle leur donne la force du *droit qu'ils n'avoient point;* elle leur imprime
» le caractère qui leur manquoit, celui *de la légitimité* qui *les déclare invio-*
» *lables.* » (Extrait du *Moniteur* du 19 octobre 1821.) *Note de l'Éditeur.*

étoient-elles irrévocables? Depuis la restauration, les effets de ces lois, à l'égard des propriétaires dépossédés, subsistent-ils par le droit dont les auteurs de ces lois étoient investis, ou seulement par la confirmation que le légitime souverain leur a donnée pour le passé, et dans l'intérêt public?

L'examen et la discussion de ces trois questions, seront la matière des trois paragraphes suivans.

§ Ier.

De la nature du pouvoir dont la première assemblée nationale étoit investie par l'ancien droit public de France, et par les cahiers de ses commettans ; et du degré d'autorité qui appartient aux lois et actes des autres assemblées.

La première des assemblées nationales de France, la seule dont, jusqu'à la restauration, la *convocation* ait été légale et régulière, et qui s'est appelée *assemblée constituante,* fut convoquée par le roi Louis XVI, dans l'ancienne forme usitée des états-généraux du royaume. Parmi les jurisconsultes et les publicistes qui ont écrit sur les droits des états-généraux, nous citerons le passage suivant de Guy-Coquille, qui a été député du tiers-état aux états-généraux tenus à Orléans et à Blois. « Quand » les rois veulent ordonner lois perpétuelles, importantes » à l'état du royaume, ils ont accoutumé de convoquer » les trois ordres de leur peuple, qu'on appelle *états,* et » sont l'église, la noblesse, et les bourgeois dits le tiers- » état. En chacune province sont élus aucuns personnages » desdits trois ordres, auxquels tout le peuple desdits trois

I.

» ordres donne pouvoir de représenter le corps dudit
» peuple ès états-généraux, y proposer les articles dont
» les cahiers leur sont donnés, et accorder ce qu'ils verront
» bon être. Ès dits états-généraux, le Roi propose la cause
» pour laquelle il a appelé son peuple, et commande aux
» députés de s'assembler, conférer entr'eux, et dresser
» des cahiers généraux. Le Roi, séant en son trône de
» majesté royale, est assisté des princes de son sang, des
» pairs de France, tant lais qu'ecclésiastiques, et des offi-
» ciers généraux de la couronne; *oit* les propositions qui
» lui sont faites de vive voix par les orateurs de chacun
» ordre, et après avoir reçu leurs cahiers, ordonne lois,
» qui sont dites *lois faites par le Roi tenant ses états,* qui
» sont lois stables et permanentes, et qui par raison sont
» irrévocables, sinon qu'elles soient changées en pareille
» cérémonie de convocation des états. Toutefois plusieurs
» rois s'en sont dispensez. » (*Voyez* Coquille, *Institution
au droit françois,* du droit de royauté.)

Les états-généraux du royaume légalement convoqués
n'avoient aucune participation à la puissance législative,
qui résidoit tout entière dans la personne du Roi : ils
exprimoient les besoins et les doléances des peuples, et le
Roi prononçoit ensuite dans sa haute sagesse et dans sa
justice ce qu'il croyoit convenable; « et en cela, dit Bodin,
» liv. I, chap. 8, se cognoist la grandeur et la majesté d'un
» vray prince souverain, quand les estats de tout le peu-
» ple sont assemblés, présentant requeste et supplications à
» leur prince en toute humilité, sans avoir aucune puissance
» de rien commander ni décerner, ny voix délibérative :
» ains ce qu'il plaît au Roi de consentir ou dissentir, com-
» mander ou défendre, est tenu par luy pour édict, pour
» ordonnance. En quoi ceux qui ont écrit du devoir des

» magistrats, et autres livres semblables, se sont abusés de
» soustenir que les estats du peuple sont plus grands que
» le prince ; chose qui fait révolter les vrais sujets de
» l'obéissance qu'ils doivent à leurs souverains, et n'y a
» raison ni fondement quelconque en cette opinion-là.

» Aussi voit-on qu'en l'assemblée des états de ce royaume
» tenus à Tours, alors que le roi Charles VIII estoit en
» bas âge, et que les estats étoient plus autorisés que
» jamais, *Relly,* orateur portant la parole pour tous les
» estats, commença ainsi : Très-haut, très-puissant, très-
» chrétien Roy, notre souverain et naturel seigneur, vos
» humbles et très-obéissants sujets, etc., venus icy par
» vostre commandement, comparoissent, et se présentent
» devant vous en toute humilité, révérence et subjec-
» tion, etc., et m'est enchargé de par toute cette notable
» assemblée vous exposer le bon vouloir, l'affection cor-
» diale, le ferme et arresté propos qu'ils ont à vous servir
» et obéir, et subvenir en toutes vos affaires, comman-
» demens et bons plaisirs. Bref, tout le discours et narré
» des estats ne porte que subjection, service et obéissance.
» On voit le semblable aux états d'Orléans.

» Aussi les estats d'Angleterre ne sont jamais assemblés,
» non plus qu'en ce royaume et qu'en Espagne, que par
» lettres-patentes, et mandemens exprès émanés du Roy ;
» qui montre bien que les estats n'ont aucun pouvoir de
» rien décerner, ny commander, ny arrester, veu mesmes
» qu'ils ne se peuvent assembler ny se départir sans man-
» dement exprès. »

Les députés de l'église, de l'ordre de la noblesse et du
tiers-état aux états-généraux de 1789, étoient des men-
dataires dont les pouvoirs avoient une double limite,
hors de laquelle tous leurs actes étoient nuls.

D'une part, ils étoient soumis, dans l'exercice de leur mandat, aux maximes du droit public du royaume, c'est-à-dire que leurs cahiers ou leurs mandats ne pouvoient contenir rien de contraire aux lois fondamentales du royaume : les états-généraux et le Roi lui-même étoient légalement, et suivant les principes les plus constans du droit public français dans l'impuissance de les changer; c'est encore ce qu'enseigne Bodin, que nous venons de citer : liv. I, chap. « Quant aux lois qui concernent
» l'état du royaume, et de l'établissement d'iceluy,
» d'autant qu'elles sont annexées et unies avec la cou-
» ronne, le prince n'y peut déroger, comme est la loy
» salique ; et quoi qu'il fasse, toujours le successeur peut
» casser ce qui aura été fait au préjudice des lois royales,
» et sur lesquelles est appuyée et fondée la majesté sou-
» veraine. »

Un des plus célèbres publicistes modernes, *Vatel*, tom. I, chap. 3, §24, qui a écrit deux siècles après Bodin, proclame les mêmes principes : « La nation, dit-il, peut
» confier l'exercice de la *puissance législative* au prince
» ou à une assemblée, ou à cette assemblée et au prince
» conjointement, lesquels sont dès lors en droit de faire
» des lois nouvelles et d'abroger les anciennes. On demande
» si leur pouvoir s'étend jusque sur les lois fondamentales,
» s'ils peuvent changer la constitution de l'État? Les prin-
» cipes que nous avons posés nous conduisent certaine-
» ment à décider que l'autorité de ces législateurs ne va
» pas si loin, et que les lois fondamentales doivent être
» sacrées pour eux, si la nation ne leur a pas donné très-
» expressément le pouvoir de les changer ; car la consti-
» tution de l'État doit être stable, et puisque la nation
» l'a premièrement établie, et qu'elle a ensuite confié la

» *puissance législative* à certaines personnes, les lois fon-
» damentales sont exceptées de leur commission. On voit
» que la société a seulement voulu pourvoir à ce que
» l'État fût toujours muni de lois convenables aux con-
» jonctures, et donner pour cet effet aux législateurs le
» pouvoir d'abroger les anciennes lois civiles et les lois
» politiques non fondamentales, et d'en faire de nou-
» velles : mais rien ne conduit à penser qu'elle ait voulu
» soumettre la constitution même à leur volonté. Enfin,
» c'est de la constitution que ces législateurs tiennent leur
» pouvoir; comment pourroient-ils la changer, sans dé-
» truire le fondement de leur autorité? Par les lois fonda-
» mentales de l'Angleterre, les deux chambres du parle-
» ment, de concert avec le Roi, exercent la puissance
» législative. S'il prenoit envie aux deux chambres de se
» supprimer elles-mêmes et de revêtir le Roi de l'empire
» plein et absolu', certainement la nation ne le souffriroit
» pas. »

On est donc autorisé à conclure des principes du droit
public français, et du droit public de toutes les nations,
que le Conseil vient de retracer, que, quelque généraux
que fussent les cahiers ou les mandats des députés aux états
de 1789, les pouvoirs de ces députés ne s'étendoient pas
jusqu'à changer les lois fondamentales de la constitution
du royaume ; et comme ces lois n'attribuoient aux états-
généraux aucune participation à la puissance législative,
que leurs droits se bornoient, suivant les expressions de
Bodin, citées plus haut, « à présenter requête et suppli-
» cations au Roi en toute humilité, sans avoir aucune
» puissance de rien commander, ny décerner, ny voix
» délibérative ; » il en résulte, par une conséquence nécessaire, que les états-généraux de 1789, en se constituant

assemblée nationale (3), et peu de temps après, en dépouil-lant le Roi, comme on doit s'en souvenir, de toute sa puis-sance législative, ont commis une usurpation de pouvoir, qui suffit pour frapper de nullité tous les actes qui sont émanés de cette assemblée (4).

D'une autre part, les pouvoirs des députés ne pou-voient avoir d'autres bases que les lois et constitutions du royaume, ou les cahiers qui avoient été rédigés dans les bailliages et dans les assemblées qui les avoient nommés.

D'après les lois et constitutions du royaume, les états-généraux étoient composés des députés ou mandataires des trois ordres, l'église, la noblesse et le tiers-état: or, les députés de chacun de ces ordres n'ont pas pu consentir à la suppression de l'ordre dont ils étoient les représen-tans et duquel ils tenoient leur mandat; car c'est un prin-cipe du droit, que le mandat prend fin par la mort du mandant, *mandatum solvitur morte* (leg. 26 ff. *mandat*), et le mandat donné par un corps ou par un ordre de l'État, qui est considéré comme une personne morale, *munici-pium et decuria personæ vice funguntur* (leg. *mortuo* 22 ff. *de fidejuss. et mandat*), prend fin lorsque ce corps est dissous ou a cessé d'exister. De là il suit que les mandats des députés aux états-généraux ont cessé du moment où, les états s'étant constitués en assemblée nationale, les trois ordres de l'État ont été dissous; et que, pour que

(3) On ne peut nier que l'assemblée nationale n'ait usurpé toute la puis-sance législative, à dater du moment où elle ne conféra au Roi qu'une sanc-tion suspensive, dont elle se réserva même le droit de le dépouiller à vo-lonté, par ce qu'elle appelait un *décret d'urgence. Note de l'Éditeur.*

(4) « La révolution commença donc à l'instant même où, violant le man-» dat qu'ils tenoient de leurs ordres et du *prince*, les états-généraux com-» mencèrent par dépouiller le Roi de ses droits et de son autorité. » (Extrait du *Moniteur* du 19 octobre 1821.) *Note de l'Éditeur.*

les délibérations de cette assemblée fussent légales, il auroit fallu que les pouvoirs de ses membres eussent été renouvelés.

Enfin, c'est encore un autre principe du droit, que le mandataire doit se renfermer strictement dans les limites de son mandat, et que tout ce qu'il fait hors de ces limites est nul, et n'oblige pas le mandant, par là raison que le mandataire qui excède les bornes de son mandat est réputé faire autre chose que ce qui a été l'objet du mandat; *qui excessit fines mandati, aliud quid facere videtur* (leg. 5 ff. *mandat*). Or, dans le droit, les cahiers des députés aux états-généraux n'auroient pas pu contenir le mandat de changer les lois fondamentales du royaume; on l'a prouvé : dans le fait, ces cahiers, à l'exception de ceux de quelques bailliages, qui chargeoient leurs députés de demander une constitution, tels que le bailliage de Meaux, ne contenoient point un pareil mandat; et pour que les mandats de cette nature eussent pu être obligatoires pour toute la France, il auroit été nécessaire que tous les cahiers eussent été unanimes sur ce point fondamental de changer la constitution du royaume. Ce principe est encore enseigné par *Vatel*. « Si la nation, dit-il, se trouve mal de sa constitution » même, elle est en droit de la changer; il n'y a aucune » difficulté, au cas que la nation se porte *unanimement* » à ce changement. » (Vatel, liv. I, chap. 3, § 33.)

De là ces conséquences :

1º La première assemblée, dite *assemblée nationale constituante*, n'avoit, d'après les maximes de l'ancien droit public français, et d'après la majorité des mandats ou cahiers de ses commettans, d'autres pouvoirs que celui de

présenter au Roi des doléances ; elle n'avoit aucun pouvoir législatif.

2º Les lois de cette assemblée, même celles qui ont été
revêtues d'abord de la sanction royale, sont nulles comme
provenant d'une assemblée dont les membres n'avoient
qu'un pouvoir usurpé, ensuite par le défaut de liberté
dans l'exercice de la sanction royale, liberté sans laquelle
le Roi ne pouvoit être considéré comme législateur.

3º Les lois et actes de la première assemblée nationale
étant irréguliers et nuls, par l'usurpation de pouvoir
dont cette assemblée s'est rendue coupable, les lois et
actes émanés des assemblées qui lui ont succédé sont
également nuls dans la sévérité des principes de l'ancien
droit public de la France : c'est ce qui a été solennellement reconnu et déclaré par les pairs de France, dans leur
déclaration donnée à Bruxelles, le 16 avril 1792. (Voyez
le *Développement des principes fondamentaux de la Monarchie françoise*, in-8°, 1795.)

Les inconvéniens graves, les conséquences désastreuses
qui résulteroient de la nullité de tous les actes du gouvernement, depuis la première assemblée nationale jusqu'à la restauration, ne doivent pas empêcher de reconnoître, en principe, cette nullité des actes émanés d'assemblées qui n'avoient qu'une autorité illégale et usurpée,
parce qu'il est facile de concilier ce que peuvent réclamer
l'utilité publique et le maintien des actes faits de bonne foi,
avec le principe de la légitimité. C'est ainsi que Sa Majesté date les premiers actes de souveraineté par elle faits
en France de la dix-neuvième année de son règne, ce qui
suppose nécessairement que dans Sa Majesté seule résidoit l'autorité légitime souveraine pendant son absence

du royaume; et que, par tous les actes de gouvernement et d'administration postérieurs à la restauration, elle a maintenu tous les actes et toutes les dispositions des gouvernemens de fait, dont l'autorité avoit été jusque là reconnue en France.

C'est ainsi que le droit civil lui-même maintient, pour cause d'utilité publique, des actes qui sont nuls dans la rigueur du droit, mais qui ont été faits de bonne foi, et dans une erreur commune. La loi 3 ff. *de offic.-prœt.*, qui est du jurisconsulte Ulpien, en fournit un exemple. Un esclave fugitif ayant demandé et obtenu la préture à Rome, il fut question de décider si les actes publics qu'il avoit faits pendant l'exercice de la préture seroient déclarés nuls, ou si, au contraire, ces actes seroient maintenus, *propter utilitatem eorum, qui apud eum egerunt, vel lege, vel quo alio jure ;* et le jurisconsulte Ulpien décida que les actes devoient être maintenus.

En Angleterre, lors de la restauration de Charles II, tous les actes publics qui avoient été faits pendant le gouvernement de la république furent ratifiés par le Roi, comme ne tenant leur force et leur autorité que de cette ratification que leur donna l'autorité royale, par des raisons supérieures d'intérêt public.

« Toutes les sentences et procédures judiciaires pas-
» sées au nom de la république et du protecteur furent
» ratifiées par une nouvelle loi ; et les Chambres, recon-
» noissant le crime de la révolte, en leur propre nom,
» comme à celui de tous les sujets, acceptèrent le gra-
» cieux pardon de Sa Majesté. » (Hume, *Histoire de la maison de Stuart*, année 1660.)

Peut-être un acte semblable auroit-il dû être passé en France, lors de la première restauration : il auroit concilié le principe de la légitimité avec ce que l'intérêt public et les droits acquis de bonne foi par des tiers auroient pu commander.

§ II.

En supposant aux assemblées nationales le pouvoir légal qu'elles n'avoient pas, ces assemblées auroient-elles pu légalement confisquer les biens des émigrés ?

Cette seconde question doit être examinée d'après le droit des gens et le droit public de toutes les nations, et d'après le droit particulier de la France.

Suivant Grotius, chacun est libre de choisir la cité dans laquelle il veut fixer son établissement; ce qui suppose le droit de quitter la société dont il a fait partie jusqu'alors. (*Vid.* Grotius, lib. II, c. 5, § 24, nᵒ 2.) Cette décision de Grotius est fondée sur les lois romaines, *de sua cuique civitate statuendi facultas libera est* (leg. 12, § 9 ff. *de captiv. et postliminum*). Cicéron, dans son oraison pour Balbus, fait l'éloge du droit qu'a tout citoyen de ne pouvoir être contraint de demeurer malgré lui membre de la cité, droit qu'il appelle *fundamentum libertatis sui quemque juris et retinendi et dimittendi esse dominum.*

Puffendorf (liv. VIII, chap. 11, § 2) enseigne aussi que, à moins d'une convention contraire, il y a lieu de présumer que toute personne libre, en entrant dans une société civile, s'est tacitement réservé la permission d'en sortir quand elle voudroit, et qu'elle n'a pas prétendu s'assujétir à demeurer toute sa vie dans un certain pays.

Platon dit qu'à Athènes il étoit permis à chaque particulier, après avoir examiné les lois et les constitutions de

la réupblique , s'il n'y trouvoit pas son compte , de se
retirer ailleurs, où il lui plairoit , avec tout son bien.
(*Voyez* le Criton.) .

Vatel (liv. I, chap. 19, § 224) établit les mêmes principes. « Ceux qui quittent leur patrie, dit-il, pour quelque
» raison légitime , dans le dessein de s'établir ailleurs,
» s'appellent *émigrans ;* ils emportent tous leurs biens avec
» eux, et emmènent leurs familles. »

§ 225. « Leur droit d'émigration peut venir de diverses
sources : 1º dans les cas que nous venons de toucher
» § 223 (nous parlerons plus bas de ces cas), c'est un droit
» naturel qui leur est certainement réservé dans le pacte
» même d'association civile.

» 2º L'émigration peut être assurée aux citoyens, en
» certains cas, par une loi fondamentale de l'État. »

La constitution de 1791, quel que fût son vice radical
résultant du défaut de pouvoirs de ses auteurs, avoit rendu
hommage à ces principes, et les avoit consacrés d'une
manière expresse, sur la motion du célèbre Mirabeau :
le titre premier, art. 1, portoit : «La constitution garantit,
» comme droits naturels et civils, la liberté à tout homme,
» d'aller, de rester, de partir, sans pouvoir être arrêté,
» ni détenu, que selon les formes déterminées par la con-
» stitution. »

Une loi du 15 septembre 1791 (art. 5) avoit en conséquence décidé « qu'il ne seroit plus exigé aucune per-
» mission ou passe-ports, dont l'usage avoit été momen-
» tanément établi. Le décret du 1er août dernier , relatif
» aux émigrans, dit cette loi, est révoqué ; et, confor-
» mément à la constitution, il ne sera plus apporté aucun
» obstacle au droit de tout citoyen français de voyager
» librement dans le royaume, et d'en sortir à volonté. »

Ainsi, soit d'après le droit des gens et le droit public de toutes les nations, soit d'après le droit public particulier à la France, soit même d'après la constitution et les lois nouvelles, il étoit libre aux Français d'émigrer, d'abandonner la France, sans encourir la peine de la confiscation de leurs biens, sans cesser de conserver la propriété des biens qu'ils avoient laissés en France.

Sous un autre rapport, le droit des émigrés de quitter le royaume en conservant la propriété de leurs biens ne peut être contesté.

Vatel (liv. I, chap. 3, § 3), examinant cette importante question : si une nation qui se trouve mal de sa constitution, peut la changer? décide, qu'il n'y a nulle difficulté, au cas que la nation se porte *unanimement* à ce changement : mais il se demande ce qui doit s'observer en cas de partage; et il pense que toutes les fois qu'il n'y a rien dans les changemens faits à la constitution de l'Etat que l'on puisse regarder comme contraire à l'acte même d'association civile, à l'intention de ceux qui se sont unis, tous seront tenus de se conformer à la résolution du plus grand nombre. Mais il ajoute que, « s'il était question de » quitter une forme de gouvernement à laquelle seule il » paroîtroit que les citoyens ont voulu se soumettre, en » se liant par les nœuds de la société civile ; si la plus » grande partie d'un peuple libre, à l'exemple des Juifs » du temps de Samuel, s'ennuyoit de sa liberté, et vouloit » la soumettre à l'empire d'un monarque, les citoyens » plus jaloux de cette prérogative, si précieuse à ceux qui » l'ont goûtée, obligés de laisser faire le plus grand nom- » bre, ne le seroient point du tout de se soumettre au » nouveau gouvernement : ils pourroient quitter une so- » ciété qui sembleroit se dissoudre elle-même pour se

» reproduire sous une autre forme ; ils seroient en droit
» de se retirer ailleurs, de vendre leurs terres et d'em-
» porter tous leurs biens. »

Dans le chapitre 19, § 223 du même livre, Vatel dé-
veloppe les mêmes principes en d'autres termes. « Il est des
» cas, dit ce publiciste, dans lesquels un citoyen est ab-
» solument en droit, par des raisons prises du pacte même
» de la société politique, de renoncer à sa patrie et de
» l'abandonner.

» Si le corps de la société ou celui qui le représente
» manque absolument à ses obligations envers un citoyen,
» celui-ci peut se retirer. Car, si l'un des contractans
» n'observe point ses engagemens, l'autre n'est plus tenu
» à remplir les siens, et le contrat est réciproque entre la
» société et ses membres. C'est sur ce fondement que l'on
» peut aussi chasser de la société un membre qui en viole
» les lois.

» Si la majeure partie de la nation, ou le souverain qui
» la représente veut établir des lois sur des choses, à
» l'égard desquelles le pacte de la société ne peut obliger
» tout citoyen de se soumettre, ceux à qui ces lois dé-
» plaisent sont en droit de quitter la société, pour s'éta-
» blir ailleurs. »

Ces principes enseignés par Vatel, et qu'on peut regarder comme les fondemens de toute association civile,
s'appliquent parfaitement aux émigrés.

Car, quand bien même le pouvoir de la première assemblée nationale et des assemblées subséquentes n'auroit
pas été un pouvoir *illégal et usurpé*, comme ces assemblées changeoient la forme du gouvernement de la France,
ceux à qui ces changemens déplaisoient avoient certainement le droit de quitter la société pour s'établir ailleurs.

Ce n'est pas tout encore : ou il faut reconnoître que la première assemblée nationale et les assemblées subséquentes n'avoient qu'un pouvoir illégal et usurpé ; et alors les lois de confiscation des biens des émigrés émanées de ces assemblées sont nulles et de nul effet : ou ces assemblées avoient un pouvoir légal, légitime ; et les lois qu'elles ont rendues sont obligatoires. Et, dans cette hypothèse encore, dans laquelle on se placera pour un moment, les lois de confiscation portées contre les émigrés ne seroient pas mieux justifiées. Une loi du 21 janvier 1790 (art. 3) avoit aboli la confiscation des biens des condamnés, et avoit défendu de la prononcer en aucun cas. Ainsi cette assemblée, dite *constituante*, s'étoit interdit à elle-même, avoit interdit aux assemblées qui pourroient lui succéder, le pouvoir de prononcer la confiscation en aucun cas. (5).

Si la confiscation avoit été légalement abolie, si l'assemblée constituante avoit légalement déclaré que toute confiscation à l'avenir étoit interdite, comment a-t-elle pu être rétablie par les lois qui ont ultérieurement prononcé celle des biens des émigrés ?

Le Conseil ne dissimulera pas que, aux raisons qu'il vient de donner, et qui sont tirées du droit des gens et du droit public général et commun qui permet à un citoyen d'abandonner la cité, de la loi du 14 septembre 1791 qui a déclaré et reconnu ce droit, et de celle du 21 janvier 1790 qui a aboli la confiscation, on pourroit opposer que les lois contre les émigrés sont fondées sur un autre principe que celui de la confiscation ; que ces lois ont considéré les émigrés comme des ennemis ; qu'elles

---

(5) On est redevable de l'idée de l'abolition de la confiscation, à M. *Bergasse*, qui proposa cette abolition dans son célèbre rapport sur l'autorité judiciaire (1789). *Note de l'Éditeur.*

les ont assimilés aux ennemis avec lesquels la république étoit alors en guerre ; et que le droit de la guerre donne le droit de s'emparer des biens appartenans à l'ennemi. (*V.* Grotius, lib. III, cap. 4, num. 2.) L'Etat qui fait une guerre juste a en effet le droit de priver l'ennemi de ses biens, de tout ce qui peut augmenter ses forces et le mettre en état de faire la guerre. (Vatel, liv. III, chap. 9, § 161.) Il peut donc s'emparer des meubles et des immeubles appartenans à l'ennemi ou aux sujets de l'ennemi. Mais, en admettant que ces principes fussent applicables à tous les émigrés, même aux vieillards, aux femmes et aux enfans, il faut observer qu'il y a cette différence importante entre les meubles et les immeubles, que la propriété des choses mobiliaires est acquise à l'ennemi du moment qu'elles sont en sa puissance, et que s'il les vend chez des nations neutres, le premier propriétaire n'est pas en droit de les revendiquer. (*Voy.* Grotius, lib. III, cap. 6, § 3.) Les imeubles, au contraire, ne sont acquis à l'Etat qui s'en empare, et les propriétaires ne sontir révocablement dessaisis de leur droit de propriété, que par l'abandon qui en est fait dans le traité de paix, ou par l'entière soumission et extinction de l'Etat, dont les sujets ont été chassés de leurs propriétés envahies pendant la guerre. (*Voy.* Grotius, *ut sup.*, § 4.) Et il résulte de cette différence que, quand bien même on admettroit que la confiscation des biens des émigrés auroit été prononcée par une autorité légitime contre des sujets qui se seroient armés contre leur patrie et contre leur légitime souverain, la paix mettant fin à la guerre, les immeubles confisqués devroient être rendus à leurs légitimes propriétaires. C'est au reste ce qui s'est pratiqué dans les célèbres traités de paix de Nimègue (art. 5), de Riswich (art. 46), d'Utrecht (art. 2), de Rastadt (art. 5).

Ces traités de paix ont consacré ce grand principe du droit naturel, la restitution des biens enlevés aux propriétaires, même avec des formes justes en apparence, ou du moins reconnues et usitées entre les nations.

Des sujets s'étoient armés contre leur patrie ; leurs biens avoient été saisis, confisqués, réunis au domaine, vendus ou concédés par la puissance belligérante dans les États de laquelle ces biens étoient situés ; plusieurs de ces sujets, dont les biens avoient été vendus en vertu d'actes émanés de l'autorité publique, désespérant de recouvrer jamais leurs biens, avoient traité avec les possesseurs, et avoient consenti à faire l'abandon d'une partie de leurs biens pour conserver l'autre.

Ces ventes, ces ratifications étoient faites par les ordres, ou sous l'autorisation d'une puissance légitime, souveraine, non contestée, qui usoit du droit de la guerre, d'après les principes avoués et reconnus par le droit des gens ; et on pouvoit prétendre que le rétablissement de la paix entre les puissances belligérantes n'avoit rien de commun avec le sort des propriétés particulières qu'un sujet égaré ou mécontent avoit perdues plutôt par sa faute que par la faute des circonstances.

Cependant, par les célèbres traités de paix qu'on a rappelés, traités où reposent, sous la garde du droit naturel et des gens, les principes immuables conservateurs de la propriété et de la perpétuité des familles, seuls garans de la stabilité des empires, tous les sujets des puissances respectives furent restitués dans tous leurs biens ; on annula tous les actes contraires qui auroient pu être faits, soit par le fisc, soit par les acquéreurs ; on n'eut même aucun égard aux traités que les sujets dont les biens avoient été confisqués auroient pu faire avec ceux qui les possédoient, parce qu'on pensa, avec raison, que ces actes, dictés par la force et souscrits par la crainte ou par le besoin, manquoient du consentement libre, qu'aux yeux de la loi rien ne peut remplacer.

Ainsi, quand on voudroit donner pour base à la confiscation des biens des émigrés le droit de la guerre (ce qui d'abord ne pouvant autoriser que les confiscations faites sur les émigrés qui auroient porté les armes, réduiroit déjà considérablement le grand nombre des Français auxquels les lois de confiscation auroient pu être applicables, et laisseroit subsister la nullité des confiscations à l'égard des Français émigrés qui n'ont pas porté les armes contre les armées de la république); ce droit ne s'étendroit pas jusqu'à la confiscation des immeubles ; il n'auroit donné, même au souverain légitime, contre les sujets armés contre lui, que le droit de séquestrer les immeubles et non de les vendre ; et à la paix, ces immeubles auroient dû être rendus aux propriétaires, qui avoient moins été dépouillés de leur droit de propriété sur les immeubles confisqués pendant la guerre, qu'ils n'en avoient été privés momentanément. On peut citer comme ayant consacré ces principes l'arrêt rendu par la Cour de cassation, conformément aux conclusions de M. l'avocat-général Cahier, le 11 décembre 1816, dans l'affaire du prince de Looz Corswaren, contre le sieur Seguin. (*Voyez* le *Journal du Palais*, tome I, année 1817.)

En résumé, le Conseil estime sur cette seconde question, ou plutôt sur cette deuxième branche de la première question, que la confiscation des biens des émigrés, prononcée par les lois des assemblées nationales, a été prononcée illégalement; que ces lois n'ont pas pu valablement enlever aux émigrés la propriété de leurs biens pour la transférer à la nation ; et que le gouvernement qui n'avoit qu'une possession illégale de ces biens, n'a pu en transmettre aux acquéreurs la propriété qu'il n'avoit pas, suivant la règle de droit *Nemo plus juris in alium trans-ferre potest quam ipse habet.* (Leg. 54, ff. *de regul. jur.*)

§ III.

Les lois qui ont prononcé la confiscation des biens des émigrés étoient-elles irrévocables ? Depuis la restauration, les effets de ces lois, à l'égard des propriétaires dépossédés, subsistent-ils par le droit dont les auteurs de ces lois étoient investis, ou seulement par la confirmation que le légitime souverain a donnée à ces lois, pour le passé, à l'égard des tiers, et dans l'intérêt public ?

C'est d'abord un point de fait incontestable, que les confiscations prononcées par les lois révolutionnaires n'étoient pas irrévocables. Indépendamment de la loi de la convention nationale du 18 prairial an 3, qui a restitué aux familles des condamnés révolutionnairement les biens confisqués sur ces condamnés, il est notoire que le dernier gouvernement, en vertu du sénatus-consulte d'amnistie de l'an 10, a restitué aux émigrés, ou à leurs familles, leurs biens confisqués non vendus, à l'exception des bois d'une certaine étendue qui ont été réunis aux forêts nationales ; et même qu'un grand nombre de familles ont obtenu du chef du dernier gouvernement la remise de ces bois.

Depuis la restauration, la loi du 5 décembre 1814 a fait aux émigrés la remise de tous leurs biens non vendus,

que le sénatus-consulte d'amnistie de l'an 10 avoit exceptés de la remise. Qui peut douter que, s'il n'y avoit pas
eu de ventes faites par l'Etat des biens des émigrés, si tous
les biens confisqués s'étoient retrouvés en nature entre
les mains de la nation, ils auroient tous été rendus à leurs
anciens propriétaires, soit en l'an 10, soit depuis la restauration? Qui doute qu'on n'auroit pas mis en question
si la remise des biens étoit une remise de grâce ou de justice ? Qui doute que la confiscation des biens n'eût été
considérée que comme une appréhension de fait tempo-
raire, et la remise des biens comme une simple main-levée
d'un séquestre illégal et d'une détention illégitime de la
part des gouvernemens de fait, qui avoient usurpé l'autorité légitime ? Pourquoi ? parce qu'on a reconnu l'injustice, l'illégalité des confiscations : car si ces confiscations
eussent été légales, les biens en provenant, que les lois
de la confiscation avoient déclarés acquis irrévocablement au domaine de l'Etat, n'auroient pas pu en être dis-
traits pour être rendus à leurs anciens propriétaires. La
restitution de tous les biens non vendus faite indistinc-
tement suppose l'illégitimité de l'appréhension ; cela est
évident.

Mais depuis la restauration, les effets des lois de confiscation subsistent-ils, à l'égard des propriétaires déposs-
sédés, par le droit dont les auteurs de ces lois étoient investis, ou seulement par la confirmation royale ? Il seroit
impossible de prétendre que les effets de ces lois subsistent par elles-mêmes, et sans la confirmation qu'elles ont
reçue de l'autorité légitime ; autrement il faudroit admettre, comme une conséquence nécessaire, que toutes
les lois et décrets de la convention nationale sont encore
obligatoires, sans aucune exception ; et on ne pense pas,

que personne aujourd'hui pût soutenir une semblable proposition, dont une des suites seroit l'illégitimité du gouvernement depuis 1814.

On a tellement senti que les ventes des biens des émigrés ne pouvoient être consolidées que par l'autorité légitime, que la loi du 5 décembre 1814, qui a ordonné la remise des biens non vendus des émigrés, maintient par son article 1er les droits qui seroient fondés sur les lois et actes du gouvernement relatifs à l'émigration ; or, le droit de maintenir suppose le droit d'annuler, suivant la règle de droit, *ejus est non velle, qui potest velle.* (Leg. 3, ff. *de Regul. jur.*) Et l'on sait que les plus zélés partisans et les plus ardens défenseurs des intérêts de la révolution invoquent plutôt la Charte et les lois rendues depuis la restauration, pour défendre l'irrévocabilité des ventes nationales, que les lois antérieures à la restauration.

D'ailleurs c'est une vérité que l'on ne peut méconnoître, qu'il faut, ou nier le principe tutélaire de la légitimité, et par conséquent ne laisser aucune base solide à l'autorité qui a donné la Charte à la France, ou avouer que tous les actes du gouvernement de fait qui ont régi la France en l'absence du Roi sont nuls, et n'ont, depuis la restauration, pris d'existence légale que par la sanction que l'autorité légitime leur a donnée.

A l'égard des ventes des biens des émigrés, considérées comme des actes et des promesses ou obligations émanées du gouvernement de fait, le Roi étoit entièrement libre de leur accorder ou de leur refuser la sanction royale. C'est un principe universellement admis par tous les publicistes, à l'égard des actes d'un usurpateur, dont l'effet est renfermé au dedans de l'Etat même, que le souverain légitime qui rentre dans ses droits peut les annuler

ou les confirmer, autant qu'il le juge à propos pour le bien public. « Et cela a lieu, dit Puffendorf, non-seulement en
» matière de lois que l'usurpateur a établies, mais encore
» à l'égard de ses donations, ou autres aliénations, dont
» il ne pouvoit disposer en faveur de personne, sans
» préjudice de l'Etat et des lois du pays. » (Liv. VIII,
chap. 12, num. 4.)

« *Contractibus eorum*, dit Grotius, *qui sine jure im-*
» *perium invaserunt, non tenebuntur populi aut veri*
» *reges. Nam jus obligandi populum non habuerunt.* »
(Lib. II, cap. 14, § 14.)

Les souverains légitimes ne sont pas liés par les contrats émanés des usurpateurs qui se sont emparés du pouvoir, parce que ces usurpateurs n'ont jamais eu le droit d'obliger le peuple.

De deux choses l'une, ou les gouvernemens de fait, qui ont exercé le pouvoir pendant la révolution, n'étoient pas des gouvernemens usurpés, et par conséquent Louis XVIII n'est pas légitime souverain ; ou il est incontestable, selon la doctrine enseignée par Grotius et par les plus savans publicistes, qu'il n'étoit pas obligé par les contrats passés avec les gouvernemens qui ont régi la France pendant son absence. Cette obligation n'existoit pas d'après le droit commun, puisqu'il a été besoin qu'elle fût stipulée formellement par l'art. 70 de la Charte constitutionnelle, comme une concession faite par l'autorité légitime aux droits acquis de bonne foi par des tiers envers l'État. Cet article 70 porte : « La dette publique est garantie ; toute
» espèce d'engagement pris par l'État avec ses créanciers
» est inviolable. »

Par la même raison, le souverain légitime n'étoit pas obligé de maintenir ces confiscations, et par suite les ventes faites par les gouvernemens usurpés des biens de ses plus fidèles sujets, et des Français injustement dé-pouillés de leurs propriétés. S'il a cru devoir maintenir ces ventes pour cause d'intérêt public ; si, en leur don-nant la sanction de l'autorité légitime, il a déclaré qu'il succédoit aux engagemens pris envers les acquéreurs, cette sanction a pu suffire, sans doute, pour garantir aux acquéreurs la possession des biens vendus par le gouver-nement de fait, mais elle n'a pas pu détruire le droit de propriété, dont les anciens et légitimes propriétaires n'ont pu être légalement dépouillés par les lois de confiscation. Ce droit de propriété n'a jamais été, ni pu être anéanti; il faut le dire sans crainte, il subsiste toujours tout entier, et ne cessera d'exister que lorsqu'une juste indemnité, c'est-à-dire une indemnité égale à ce qu'ils ont perdu, aura été payée à ces propriétaires par l'Etat, dans l'intérêt duquel ont été maintenues les confiscations et les ventes : c'est ce que le Conseil va développer en répondant à la seconde question qui lui est soumise.

La seconde question, qui est de savoir : « si le souve-
» rain légitime a pu valider les ventes qui ont été faites des
» biens confisqués, sans accorder une juste indemnité aux
» anciens propriétaires que ces ventes avoient dépouil-
» lés? » touche aux plus hautes questions de droit public et de droit civil; le Conseil ne craindra pas de les appro-fondir.

Les hommes ont renoncé à leur indépendance natu-relle pour vivre sous des lois politiques ; ils ont renoncé à la communauté naturelle des biens pour vivre sous des lois civiles.

Ces premières lois leur acquièrent la liberté ; les secondes, la propriété.

Les gouvernemens ont été institués pour garantir et maintenir la liberté et la sûreté des citoyens, et la propriété des biens que les lois ont établie.

Il est évident que les hommes ne forment une société politique, et ne se soumettent à ces lois que pour leur propre avantage et leur salut.

L'autorité souveraine n'est donc établie que pour le bien commun de tous les citoyens ; et cette autorité ne change pas de nature, en passant dans les mains d'un sénat ou d'un monarque ; c'est donc une vérité incontestable, que le souverain est uniquement établi pour le salut et l'avantage de la société.

Cicéron soutenoit que les lois agraires étoient funestes, parce que la cité n'étoit établie que pour que chacun conservât ses biens.

Il existe plusieurs formes de gouvernemens, quoique ayant toutes le même but et la même fin.

Le gouvernement monarchique est celui dans lequel le prince a la souveraine puissance, qu'il exerce selon des lois établies.

La souveraineté d'un monarque ne porte aucune atteinte au droit de propriété des sujets. « Car de dire, dit Bodin,
» liv. VIII, que les princes sont seigneurs de tout, s'entend
» de la droite seigneurie et justice souveraine, demeurant
» à chacun la possession et propriété de ses biens. Ainsi,
» disoit Sénèque, *ad reges potestas omnium pertinet, ad*
» *singulos proprietas;* et peu après : *Omnia rex imperio*
» *possidet, singuli dominio.* (Senec. *De benefic.,* cap. 4
» et 5.) »

Loyseau, dans son *Traité des Seigneuries,* chap. I,

distingue la seigneurie publique d'avec la seigneurie privée. « Il faut hardiment remarquer, dit ce jurisconsulte, § 33, qu'il y a une différence fort importante en » l'usage de ces deux seigneuries, à savoir, que l'on peut » user de la seigneurie privée à discrétion et libre volonté; » *quilibet enim est liber moderator et arbiter rei suæ,* » dit la loi *in re mandata, cod. mandat;* pour ce que » consistant en ce qui est nostre, il n'eschet guère que » nous fassions tort à autruy, en quelque façon que nous » en usions : mais pour ce que la seigneurie publique con- » cerne les choses qui sont à autruy, ou les personnes qui » sont libres, il en faut user avec raison et justice, et celui » qui en use à discrétion empiète et usurpe la seigneurie » particulière qui ne lui appartient pas; si c'est sur les » personnes, c'est les tenir pour esclaves; si c'est sur les » biens, c'est usurper le bien d'autruy.

» Bref, ces deux espèces de seigneuries sont entière- » ment différentes quant à l'effet ; car, comme la seigneurie » privée n'induit point de puissance publique, aussi la sei- » gneurie publique, qui consiste en la justice, n'attribue » aucune seigneurie privée, et ne diminue aucunement » la liberté parfaite du sujet, ou justiciable; au contraire, » elle l'augmente et la conserve, comme dit fort bien » Dumoulin, sur l'art. 2 de la Coustume de Paris, *glos.* 3, » *num.* 4. *Potestas jurisdictionis libertatem subditorum* » *non minuit, sed auget et tuetur ; quum ad eorum tuitio-* » *nem et communem utilitatem sit introducta.* »

Il y a cependant des circonstances où le souverain, en vertu de ce droit, que les publicistes appellent droit de *domaine éminent,* peut disposer des biens des particuliers; mais pour qu'il y ait lieu à l'application de ce droit de domaine éminent, il faut le concours de deux circonstances : la première, que les biens des particuliers soient nécessaires pour l'utilité publique ; la seconde, que le particulier dont la propriété est enlevée pour l'intérêt public soit indemnisé par l'État. Ce principe est établi par Grotius, et tous les publicistes l'ont enseigné après lui. *Sciendum est posse subditis jus etiam quæsitum auferri per regem, ex vi supereminentis dominii : sed ut id fiat ex vi supereminentis dominii, primum requiritur utilitas publica; deinde, ut, si fieri potest, compensatio fiat ei qui suum amisit, ex communi.* Vid. *Grotius*, lib. II, cap. 14, num. 7 (1).

(1) « Il faut savoir que le roi, ou le souverain, peut, en vertu de son droit » de *domaine éminent*, disposer du droit acquis aux sujets ; mais pour cela, » il faut : 1º que l'utilité publique l'exige ; 2º que le sujet dont la propriété » a été employée pour le service public soit indemnisé par l'État, *si cela* » *est possible : ut, si fieri potest, compensatio fiat ei qui suum amisit, ex* » *communi.* »

La question peut donc se réduire à ce point de *fait* : L'état des finances de la France permet-il de payer aux anciens propriétaires une indemnité pour leurs biens confisqués et vendus ? Il y a long-temps que cette question a été résolue affirmativement. Non-seulement la situation prospère des finances ne laisse aucun doute sur la possibilité d'acquitter la dette de l'indemnité ; mais les meilleurs esprits sont convaincus que l'État trouveroit dans les conséquences nécessaires de cette indemnité, et par la plus value qu'acquerroient tous les biens appelés *nationaux*, un accroissement de revenus qui égaleroit la somme annuelle dont le trésor royal seroit grevé pour le service de la rente sur le grand-livre, qui représenteroit l'indemnité payée aux anciens propriétaires ; en sorte que l'État recevroit d'un côté ce qu'il paieroit de l'autre, et, à proprement parler, ne prêteroit réellement que son crédit.

Aussi, pour les personnes éclairées et de bonne foi, la question de l'indemnité n'est-elle plus une question de finances ; car les finances de l'État en seroient améliorées, bien loin d'en souffrir aucun dommage ; mais une question de politique, celle de savoir s'il convient de rendre à la classe qui a le plus souffert des confiscations, l'influence qu'elle a perdue par la spoliation de ses propriétés. On peut consulter à ce sujet le dernier ouvrage publié par M. Guizot, sous le titre de *Moyens d'opposition*, etc. (*Note de l'Éditeur.*)

Du moment, continue Grotius dans le numéro suivant, qu'un droit est acquis légitimement à un sujet, il ne peut, d'après le droit naturel , lui être enlevé; et si le souve-rain fait quelque chose au contraire, il est obligé de ré-parer le dommage qu'il a causé, car il viole le droit du sujet. « *Ubi enim dominium aut jus aliud alicui legitimo* » *modo partum est; id ne sine causa ei auferatur juris est* » *naturalis; contra si rex faciat, haud dubie tenetur* » *reparare damnum latum : faciet enim contra verum* » *jus subditi.* »

Bodin, liv. I, chap. 8, décide la même chose, et dans des termes remarquables. « Si donc le prince souverain » n'a pas puissance de franchir les bornes des lois de na-» ture, que Dieu, duquel il est l'image, a posées, il ne » pourra ainsi prendre le bien d'autruy sans cause qui » soit juste et raisonnable, soit par achat ou eschange ou » confiscation légitime, ou traitant de paix avec l'en-» nemi, si autrement elle ne se peut conclure qu'en pre-» nant des biens des particuliers pour la conservation de » l'État. Et toutefois on doit chercher tous les moyens de » récompenser la perte des uns avec le profit des autres; » et s'il ne se peut faire sans troubles, on doit prendre les » deniers de l'espargne, ou emprunter, comme fit *Aratus,* » qui emprunta 60,000 écus pour aider à rembourser » ceux qui avoient été bannis et chassés de leurs biens, » qui étoient possédés et prescrits par longues années. » Cessant donc les causes que j'ay dit, le prince ne peut » prendre ni donner le bien d'autruy, sans le consente-» ment du seigneur, et en tous les dons, grâces, priviléges » et actes du prince, toujours la clause, *sauf le droit* » *d'autruy,* est entendue, hors qu'elle ne fût exprimée.»

Puffendorf, liv. VIII, chap. 5, § 7, professe la même doc-

trine sur le droit de *domaine éminent.* « La nature seule,
» dit-il, de la souveraineté, qui a été établie pour le bien
» public, autorise suffisamment le prince à se servir, dans
» un besoin pressant, de tout ce que possèdent ses sujets,
» puisqu'en lui conférant l'autorité souveraine on lui
» a donné en même temps le pouvoir de faire et d'exiger
» tout ce qui est nécessaire pour la conservation et l'avan-
» tage de l'État. Au reste, il est très-juste que ceux qui,
» en ces cas-là, ont employé ou sacrifié leurs biens à l'uti-
» lité publique, en soient dédommagés par l'État, autant
» qu'il est possible. »

Vatel, liv. I, chap. 20, § 244, donne la même définition
du droit de *domaine éminent.* « Le droit qui appartient
» à la société ou au souverain, de disposer, en cas de né-
» cessité et pour le salut public, de tout bien renfermé
» dans l'État, s'appelle *domaine éminent.*

» Si le souverain dispose des biens publics, en vertu de
» son *domaine éminent,* l'aliénation est valide, comme
» ayant été faite avec un pouvoir suffisant.

» Lorsqu'il dispose de même, dans un besoin, des
» biens d'une communauté ou d'un particulier, l'aliéna-
» tion sera valable par la même raison. Mais la justice
» demande que cette communauté, ou ce particulier,
» soit dédommagé des deniers publics : et si le trésor n'est
» pas en état de le faire, tous les citoyens seront obligés
» d'y contribuer ; car les charges de l'État doivent être
» supportées avec égalité, ou dans une juste proportion.
» Il en est de cela comme du jet des marchandises, qui
» se fait pour sauver un vaisseau. »

Les célèbres lois rhodiennes, dont la profonde sagesse
leur a mérité d'être adoptées par les jurisconsultes romains, et d'être encore aujourd'hui la base du droit ma-

ritime de toute l'Europe, étoient fondées sur ce principe d'équité naturelle, « que tous ceux qui ont un inté-
» rêt à ce que le jet fût fait, doivent contribuer propor-
» tionnellement à la perte. » (Leg. 1, ff. *de leg. Rhod.*)

On retrouve ce principe dans l'admirable ouvrage de
Beaumanoir, qui écrivoit sur la jurisprudence dans le
xiie siècle.

Il dit que, quand un grand chemin ne pouvoit être
rétabli, on en faisoit un autre, le plus près de l'ancien
qu'il étoit possible ; mais qu'on dédommageoit les propriétaires aux frais de ceux qui tiroient quelque avantage
du chemin.

Le seigneur nommoit des prud'hommes pour faire la
levée sur le paysan ; les gentilhommes étoient contraints
à la contribution par le comte, l'homme d'église par
l'évêque. *Voyez* Beaumanoir, chap. 22.

Le célèbre Leibnitz, dans la préface de son *Code di-
plomatique du droit des gens*, fait observer que le *droit
de domaine éminent* sur les sujets et sur les propriétés
des sujets étoit connu et pratiqué très-anciennement ; *dominium eminens in subditos eorum veteres, nec olim igno-
ratum fuisse intelligimus ;* et il en rapporte un notable
exemple en ces termes : «*Diplom.* 122. *Union au domaine
des places limitrophes, par Charles VI, roy de France
(Ex jure dominii eminentis).* Paris, avril 1407.

« Charles, par la grâce de Dieu, roy de France, sça-
» voir faisons à tous présens et advenir : que, *pour* le bien,
» tuition et défense de nostre peuple, et l'*utilité de la chose
» publique* de nostre royaume, nous *ayons droict* et nous
» soit loisible *par puissance souveraine* et *espéciale pré-
» rogative royale*, de prendre et appliquer à nostre do-
» maine les terres, chasteaux, ports de mer et autres

» lieux estans en frontière de nos ennemis, que nous
» veons être nécessaires *à la générale garde,* tuition et
» défense de nos subjets, et à la seureté universelle de
» nostre dit royaume, en *faisant condigne récompensation*
» à ceux desquels nous prendrons lesdites lieux du loyal
» prix et juste valeur d'iceux lieux, et des autres intérêts
» et loyaux coustemens ; et de ce *droit ayent jouy et usé*
» *nos devanciers* roys de France, quand nécessité et ex-
» pédiente utilité de la chose publique de nostre royaume
» l'a requis et y est survenue. »

Vid. Leibnitz, *Codex juris gentium diplomaticus,*
Diplom. 122.

Nous terminerons ces citations par le passage suivant
de Montesquieu, qui peut être considéré comme le résumé le plus fort et le plus lumineux des principes enseignés et développés par les plus savans publicistes. « C'est
» un paralogisme de dire que le bien particulier doit céder
» au bien public : cela n'a lieu que dans les cas où il s'agit
» de l'empire de la cité, c'est-à-dire de la liberté du ci-
» toyen : cela n'a pas lieu dans ceux où il est question de
» la propriété des biens, parce que le bien public est
» toujours que chacun conserve invariablement la pro-
» priété que lui donnent les lois civiles.

» Posons donc pour maxime que, lorsqu'il s'agit du
» bien public, le bien public n'est jamais que l'on prive
» un particulier de son bien, ou même qu'on lui en re-
» tranche la moindre partie par une loi ou un réglement
» politique. Dans ce cas, il faut suivre à la rigueur la loi
» civile, qui est le palladium de la propriété.

» Ainsi, lorsque le public a besoin du fonds d'un par-
» ticulier, il ne faut jamais agir par la rigueur de la loi
» politique. Mais c'est là que doit triompher la loi civile,

» qui, avec des yeux de mère, regarde chaque particu-
» lier comme toute la cité même.

» Si le magistrat politique veut faire quelque édifice,
» quelque nouveau chemin, il faut qu'il indemnise ; le
» public est, à cet égard, comme un particulier qui
» traite avec un particulier. C'est bien assez qu'il puisse
» contraindre un citoyen de lui vendre son héritage,
» et qu'il lui ôte ce grand privilége qu'il tient de la loi
» civile, de ne pouvoir être forcé d'aliéner son bien. »

C'est ce droit de *domaine éminent*, réservé au souverain pour l'intérêt général de la société, que l'art. 10 de
la Charte constitutionnelle a déclaré et reconnu, non
comme nouveau droit introduit par la Charte, mais
comme la déclaration d'un droit préexistant. « L'État
» peut exiger le sacrifice d'une propriété pour cause
» d'utilité publique légalement constatée, mais avec une
» indemnité préalable. »

La constitution de 1791, tit. 1, disposoit aussi que
« la constitution garantit l'inviolabilité des propriétés,
» ou la juste et préalable indemnité de celles dont la
» nécessité publique, légalement constatée, exigeroit le
» sacrifice. »

Cet article a été reproduit littéralement dans la constitution de l'an 3 (1795), dont il forme le 358ᵉ article ;
et ensuite dans la constitution consulaire de l'an 8 ; et il
forme la base de l'art. 545 du Code civil, qui porte :
« Nul ne peut être forcé de céder sa propriété, si ce n'est
» pour cause d'utilité publique, et moyennant une juste
» et préalable indemnité. »

Maintenant, en conbinant ces deux principes, fondemens de toute société civile : 1° que le *domaine éminent*
retenu par le souverain, dans l'intérêt commun de l'État

ou de la société, ne prive pas les sujets de leur droit de propriété ; 2° que le souverain peut disposer des biens particuliers des sujets pour cause d'intérêt public en les indemnisant des deniers de l'État.

On peut en déduire ces trois conséquences : 1° que le Roi, malgré son droit de *domaine éminent*, n'est pas propriétaire des biens de ses sujets; 2° qu'en vertu de ce droit, il a pu maintenir pour cause d'intérêt public les ventes des biens des émigrés, opérées par les gouvernemens de fait qui avoient usurpé le pouvoir en son absence ; 3° qu'il ne l'a pu qu'en accordant aux anciens propriétaires dépouillés une juste indemnité.

En effet, ainsi que nous croyons l'avoir prouvé par les plus graves autorités, le droit du souverain, en vertu du *domaine éminent*, se borne à reconnoître et à déclarer qu'il est de l'intérêt public que tel citoyen fasse l'abandon de sa propriété. Ainsi, nul doute que le Roi a pu déclarer qu'il étoit de l'intérêt public que les émigrés renonçassent à la propriété de leurs biens en faveur de l'État, qui les avoit vendus sans leur consentement ; mais le souverain ne pouvoit exiger cette renonciation des anciens propriétaires à leur droit de propriété, sans leur assurer une juste indemnité : son pouvoir ne s'étendoit pas jusque là. La Charte a bien pu maintenir les ventes des biens des émigrés, pour cause d'intérêt public ; c'est-à-dire que la Charte a transmis aux acquéreurs cet engagement pris envers eux par le souverain, qu'il ne permettroit pas aux anciens propriétaires l'exercice du droit qui leur étoit incontestablement acquis, de réclamer la propriété de leurs biens contre les possesseurs; mais aussi, de leur côté, les anciens propriétaires sont bien fondés à soutenir que l'État n'a pas pu les forcer à renoncer à *leur droit* de propriété, à ce droit qui subsiste toujours plein et entier, sans leur assurer une juste indemnité. Ils sont, à l'égard de l'État, comme seroit un particulier dont le champ auroit été pris pour faire un chemin public ; quoique ne pouvant pas user de son droit de propriété pour détruire ce chemin et en interdire l'usage au public, ce particulier auroit cependant le droit de se dire le propriétaire de son champ, et d'en réclamer le paiement contre l'État. Ce droit ne pourroit lui être contesté, sous le prétexte de l'existence des actes administratifs ou législatifs, lesquels auroient déclaré que son champ étoit nécessaire pour les besoins du public ; car les charges de l'État doivent être supportées avec égalité, ou dans une juste proportion ; et il seroit injuste qu'un citoyen dont la propriété est utile à l'État supportât seul une charge dont tout le public profite.

Existeroit-il quelque différence entre l'émigré dont les biens ont été vendus, et dont les acquéreurs ont été maintenus par la Charte en possession des biens par eux achetés, et le particulier dont nous venons de parler ? Pour que la comparaison soit parfaite, il suffit qu'il soit vrai de dire que l'un et l'autre, dépossédés de fait, ont néanmoins retenu ou conservé le droit de propriété.

Que dit l'émigré ? C'est une des règles les plus certaines du droit, que ce qui est à nous ne peut cesser de nous appartenir sans notre fait ; *quod nostrum est, sine facto nostro ad alium transferri non potest.* (Leg. 11, ff. *de regul. jur.*) J'étois propriétaire avant mon émigration, donc je le suis encore, car je n'ai pas concouru à l'aliénation qui a été faite de mes biens ; la propriété n'ayant pas pu en être valablement transférée à l'acquéreur, sans mon fait, a donc continué de résider dans ma personne.

Qu'oppose-t-on à l'émigré? Vous n'avez pas, il est vrai, consenti à la vente que l'État ou ses agens m'ont faite de vos biens, mais ce consentement n'étoit pas nécessaire. Les lois vous en avoient enlevé la propriété, elles les avoient réunis au domaine de l'État; ensuite elles en ont ordonné la vente. La propriété qui, au moment de l'aliénation, résidoit dans les mains de l'État, m'a donc été légalement transférée par le consentement des agens que l'État, alors propriétaire de vos biens, avoit chargés d'effectuer ces ventes. Je suis un acquéreur de bonne foi, j'ai acquis sous la foi des lois en vigueur au moment de la vente, sous la garantie d'un gouvernement dont l'autorité étoit reconnue et non contestée, tant en France que dans les pays étrangers. J'ai payé le prix de la vente à l'État mon vendeur. D'ailleurs, en admettant quelques vices dans la vente qui m'a été faite par l'État, la longue possession qui l'a suivie suffiroit pour les couvrir; et la prescription auroit légitimé la vente en ce qu'elle pourroit avoir eu de vicieux dans son principe.

L'émigré répond : Ces lois, dont vous vous prévalez et que vous voulez donner pour base à votre droit de propriété, émanent d'assemblées dont le pouvoir étoit usurpé, et sont l'œuvre de mandataires qui ont excédé les bornes de leurs mandats; par conséquent, ce que ces assemblées usurpatrices du pouvoir souverain ont décrété est nul, et ne peut produire aucun effet.

Les actes de ces assemblées qui ont prononcé la confiscation, et ensuite la vente de mes biens, ne peuvent pas plus subsister, n'ont pas plus de valeur que les actes de ces mêmes assemblées qui ont aboli la royauté et proscrit le souverain qui règne aujourd'hui sur la France, et

3.

qui date son règne de l'époque même où se consom-
moient les ventes qui vous ont été faites.

Quand on admettroit même que ces assemblées avoient
un pouvoir légal, une autorité légitime, les lois de confiscation qu'elles ont rendues ne seroient pas moins illégales, injustes, et hors des pouvoirs de ces assemblées,
contraires aux premiers et plus solides fondemens de
toute société civile. Faut-il d'autres preuves de l'injustice
et de l'illégalité des confiscations, que la restitution des
biens confisqués et non vendus faite à leurs anciens propriétaires? Pourquoi a-t-on restitué les biens confisqués,
si ce n'est parce qu'on a reconnu que l'appréhension en
avoit été injuste et illégitime ?

Si mes biens n'avoient pas été vendus, ils m'auroient
été restitués, sans nul doute. En quoi la vente qui en a
été faite par l'Etat auroit-elle pu porter atteinte à mon
droit de propriété? Cette vente est , à mon égard, le fait
d'un tiers qui, d'après les principes du droit, ne peut
pas me préjudicier : *Res inter alios acta nec nocere, nec
prodesse potest.* (Leg. 2, *Cod. res inter alios act.*) Cependant c'est cette vente qui est le seul obstacle à la restitution
de mes biens : le Roi, qui ne reconnoît pas le pouvoir que se
sont arrogé les assemblées nationales, et qui, sous beaucoup
de rapports, considère les actes de ces assemblées comme
illégaux et nuls, a cru devoir maintenir, pour des raisons
d'intérêt et d'ordre publics, ces ventes ordonnées, effec-
tuées par des lois émanées d'une autorité usurpée. Cette
maintenue des acquéreurs dans leurs acquisitions, opérée
par le fait seul de la sanction que le légitime souverain a
cru nécessaire de leur donner dans un acte octroyé par
lui, n'a pas pu m'enlever mon droit de propriété. Cette
sanction n'auroit pu avoir cet effet, qu'en m'assurant une

indemnité égale à ce que j'ai perdu. La raison et les lois décident que mon droit de propriété ne subsiste pas moins, quoiqu'on m'impose l'obligation de ne pas atta quer une vente *que je n'ai pas consentie.*

La bonne foi que vous alléguez n'a pas pu suffire pour détruire mon droit. Suivant les lois, la bonne foi de l'acheteur de l'immeuble appartenant à un mineur, ou à une femme mariée selon le régime dotal, ne purge pas le vice, la nullité de l'aliénation : quant à votre possession, quelque longue qu'elle soit, elle n'a pas pu servir de base à la prescription, non-seulement par la raison qu'on ne peut pas prescrire lorsque la possession est fondée sur un titre vicieux, ce que les jurisconsultes expriment par cette maxime de droit, applicable en matière de *préscription*, qu'il vaut mieux ne pas avoir de titre, que d'avoir un titre vicieux, *melius est non habere titulum quam vitiosum*; « Le titre d'une nullité absolue, » dit *Dunod*, n'a jamais transféré le domaine, ni pu » mettre le possesseur ni ses héritiers en bonne foi ; ainsi ; » lorsqu'il paroît, l'on n'a aucun égard à la possession qui » l'a suivie ; » (*Voy.* Dunod, *Traité des préscriptions*, § 11, chap. 8.) mais j'ajoute : C'est une autre règle en matière de *prescription*, qu'elle ne court pas contre celui qui ne peut pas agir, *contra non valentem agere, nulla currit prescriptio.* Or, l'émigré ne pouvoit pas agir contre ses acquéreurs avant la restauration ; il ne le peut pas encore aujourd'hui, d'après les actes du Roi qui lui interdisent toute action contre eux.

Le Conseil n'aperçoit aucune réponse solide en droit à ces raisonnemens de l'émigré.

En résumant ce qui a été dit sur cette seconde question, le Conseil fera ce dilemme, auquel toute la question peut se réduire : Ou les ventes des biens des émigrés sont suffisamment validées par les lois de la convention nationale, qui ont prononcé la confiscation des biens des émigrés et en ont ordonné la vente, et elles n'ont besoin pour se soutenir d'aucune sanction de l'autorité légitime : ou ces ventes, nulles dans leur origine, ne sont inattaquables aujourd'hui que par suite de la confirmation que le souverain leur a donnée par la Charte, et par les actes du gouvernement royal posterieurs à la restauration.

Dans le premier cas, la confiscation des biens des émigrés et les ventes qui en ont été la suite, étant valables par elles-mêmes, on doit aussi admettre que les autres actes et décrets de la convention nationale, tels que l'abolition de la royauté, l'établissement de la république, *le bannissement à perpétuité* des émigrés et des princes, *l'acquisition* de tous leurs biens à la république, sont obligatoires encore aujourd'hui.

Dans le second cas, les ventes des biens des émigrés ne tirant leur validité que de la Charte, ou des actes du souverain légitime, on peut demander de quel droit le souverain légitime a pu prononcer la validité, ou plutôt la *confirmation* de ces ventes? Si c'est en vertu du droit de *domaine éminent*, et pour cause d'intérêt public, on a établi que ce droit n'oblige le sujet à céder sa propriété qu'à la charge d'une indemnité. Si c'est comme propriétaire des biens vendus, et en cette qualité pouvant suppléer le consentement que les légitimes propriétaires n'ont pas donné aux ventes faites par l'Etat, alors on reconnoît que le souverain est propriétaire de tous les biens du royaume : cette maxime est celle des despotes, mais on seroit embarrassé de la justifier dans une monarchie ordinaire, et particulièrement dans une monarchie constitu-

tionnelle : on ne la trouve enseignée par aucun publiciste ;
elle seroit subversive des fondemens de toute société civile. Quel est l'homme sensé qui consentiroit à vivre dans
un pays où il seroit établi en principe de droit public,
que le souverain est propriétaire de tous les biens des sujets, et qu'il peut en disposer à sa volonté, sous le prétexte de l'intérêt public, sans aucune indemnité aux propriétaires qu'il dépouilleroit ainsi de leurs propriétés ?
Dans une monarchie, loin que le souverain soit au-dessus
des lois qu'il a lui-même données, son devoir est de les
maintenir et de les observer religieusement. Elles sont le
fondement de la tranquillité publique, et le plus ferme
appui de l'autorité souveraine. Nous trouvons cette vérité
établie dans un écrit publié pour un prince des plus ab-
solus que l'Europe ait vus régner, pour Louis XIV. « Qu'on
» ne dise point que le souverain ne soit pas sujet aux lois
» de son État ; puisque la proposition contraire est une
» vérité du droit des gens, que la flatterie a quelquefois
» attaquée, et que les bons princes ont toujours défendue
» comme une divinité tutélaire de leurs états. » (*Traité
des droits de la Reine sur divers Etats de la monarchie
d'Espagne,* 1667, deuxième partie.)

Les lois de la monarchie française n'assuroient-elles pas
invariablement aux sujets la propriété de leurs biens ? ne
leur garantissoient-elles pas le droit de ne pouvoir en être
dépossédés que pour cause d'intérêt public, et à la charge
d'une indemnité ? Comment, en 1814, le souverain auroit-
il pu ne pas être astreint à l'observation de ces lois, et sur
quel fondement supposeroit-on qu'il a eu le droit de confirmer la vente illégale des biens des émigrés sans aucune
indemnité ? On doit le dire, pour l'intérêt des principes,
pour la conservation du droit de propriété, cette base

fondamentale des empires, le droit du souverain n'alloit pas jusque là. Dans les principes de la monarchie antérieurs à la révolution, des actes semblables émanés de l'autorité royale, eussent été nuls, les parlemens se fussent courageusement refusés à les faire exécuter. Or, lorsque le Roi, rentrant en France en 1814, a donné la Charte, qu'il a datée de la dix-neuvième année de son règne, il tiroit sans doute son droit de sa naissance et des lois fondamentales de la monarchie française, qui lui déféroient la couronne; car nul ne s'avisera de prétendre qu'il a été appelé au trône par cet acte du sénat du mois d'avril 1814, dont les membres avoient cessé d'avoir aucun pouvoir du moment de la destruction du gouvernement dont ils faisoient partie. Or, ces mêmes lois fondamentales de la monarchie, qu'on reconnoît n'avoir pas pu être abrogées par les lois des assemblées nationales; ces lois qui avoient conservé les droits du monarque et la légitimité de la maison de Bourbon à la couronne de France, droits sur lesquels repose la charte octroyée par Sa Majesté Louis XVIII, garantissoient aux sujets la propriété de leurs biens. On peut dire que les droits de la couronne et les droits de propriété des sujets, unis entre eux par les mêmes liens, étoient garantis par les mêmes lois.

Ce n'est pas même dire assez; car, si on ne peut pas nier que les gouvernemens ne sont établis que pour maintenir le droit de propriété, et pour assurer à chaque citoyen la libre jouissance des biens dont les lois civiles lui confèrent la propriété; et si c'est aussi une vérité qu'on ne peut méconnoître, que les droits de succession à la couronne n'ont été introduits qu'en vue du bien public et du salut commun, et pour éviter les troubles dont l'élection d'un souverain ne manque guère d'être accompagnée ; il en résulte que le droit de propriété qu'on attribue aux princes, et la légitimité de la couronne, sont encore moins sacrés que le droit de propriété et la légitimité des héritages des particuliers ; l'État n'est, ni ne peut être un patrimoine, puisque le patrimoine est fait pour le bien du maître, au lieu que le prince n'est établi que pour le bien de l'État.

Le droit de propriété des particuliers pourroit donc subsister sans celui du monarque ou du souverain ; ce qui arrive lorsqu'un État monarchique passe à l'état républicain, ou à l'état aristocratique : dans ce cas, le prince perd son droit de propriété à la couronne, et les particuliers conservent le leur ; il ne peut retenir alors que la propriété de ses biens, comme tous les autres membres de la cité.

Concluons donc, que si les droits de la maison de Bourbon à la couronne de France, et les prérogatives de la puissance royale ont continué de subsister malgré les lois des assemblées nationales qui les avoient abolis ; et que s'ils n'ont reçu aucune atteinte ni de ces lois, ni des gouvernemens de fait qui ont régi la France pendant l'absence de son légitime souverain, à tel point, que ces prérogatives et la puissance royale se sont reproduites en France à l'époque de la restauration, comme si l'exercice en avoit été seulement suspendu de fait, et non de droit, pendant la durée de la révolution, et n'ont reçu, par la charte émanée du Roi, d'autres limitations à l'autorité de ses prédécesseurs que celles qu'il lui a plu à lui-même de tracer (1), à plus forte raison n'ont pas cessé

---

(1) « En pleine possession de ses droits héréditaires sur ce beau royaume, » il ne veut exercer l'autorité qu'il tient de Dieu et de ses pères, qu'en po- » sant lui-même les bornes de son pouvoir. » *Discours de M. le Chancelier de France, en présentant la Charte constitutionnelle.*

d'exister les droits de propriété des particuliers qui leur étoient maintenus par les lois fondamentales de la monarchie, et pour la garantie desquelles les droits du prince et l'ordre de successibilité au trône avoient été principalement établis.

Les propriétaires dépouillés de fait de la possession de leurs immeubles, par les actes du gouvernement de fait, ont conservé malgré ces actes leur droit de propriété sur ces immeubles, comme la maison de Bourbon, dépouillée de fait de la couronne de France, a continué de conserver ses droits sur cette couronne; parce que les mêmes principes qui mettoient les droits de la maison de Bourbon hors des atteintes des actes de ces gouvernemens de fait, et qui faisoient prévaloir les droits de la légitimité, ou de l'ordre de la succession à la couronne, garantissoient les droits de propriété des particuliers. Tout est lié dans l'ordre social, et c'est le même principe de légitimité qui maintient le droit du prince et celui du dernier de ses sujets. Le prince ne peut violer le droit du sujet sans ébranler le sien propre, qui ne lui a été confié, qui n'a été établi que pour le maintien des droits de tous. La légitimité de la couronne, qui n'est que le complément et la garantie de toutes les autres légitimités, ne peut pas exister toute seule; elle est la clef de la voûte de l'édifice social, dont les appuis et les fondemens sont la légitimité ou le droit de propriété des particuliers.

Tels sont les principes rigoureux du droit public. Le Conseil ne dissimulera pas toutefois que ces principes peuvent être, dans leur application, susceptibles de quelques modifications importantes. On peut dire : que l'intérêt public demandoit le rétablissement de l'autorité royale, et que s'il étoit nécessaire, indispensable, de considérer comme nuls et de nul effet les actes des assemblées nationales qui avoient porté atteinte à cette autorité, au contraire, le même intérêt public et la tranquillité des citoyens sembloient demander que les aliénations des biens des émigrés, faites par les gouvernemens de fait, fussent maintenues par le Roi, comme tous les actes de ces gouvernemens ont été par lui maintenus.

On peut répondre à ces objections, qu'en principe, le souverain n'a pas le droit de maintenir sans indemnité, même pour cause d'utilité publique, les actes du gouvernement de fait qui portent préjudice à des tiers; ce qui rentre dans les principes que le Conseil a développés ci-dessus.

S'il étoit encore permis d'examiner la question des biens des émigrés sous le rapport de l'intérêt public, peut-être seroit-on conduit à reconnoître que le véritable intérêt public étoit, que les acquéreurs des biens des émigrés fussent indemnisés par l'État, et que la nullité des ventes nationales fût prononcée, et, par suite, la restitution des biens en nature aux anciens propriétaires que les lois de la révolution avoient dépouillés, comme on leur a restitué ceux de leurs biens non vendus.

Tout ce que paroissoit demander la bonne foi des acquéreurs, et leur confiance dans les gouvernemens de fait qui avoient mis en vente les biens des émigrés, c'étoit le remboursement des sommes payées par ces acquéreurs, et versées dans les caisses des gouvernemens vendeurs, et les fruits perçus de bonne foi, conformément au principe du droit, qui veut que le possesseur de bonne foi fasse les fruits siens, *bonæ fidei possessor fructus suos facit.* (Leg. 48, ff. *de acquirend. rer. domin.*) Mais peut-être elle ne demandoit pas la conservation de bénéfices résultant de ventes faites à un très-vil prix.

Sous le rapport de la morale et de la religion, c'est un exemple dangereux que celui d'une masse immense de spoliations maintenues dans tous leurs effets en faveur des acquéreurs. On peut consulter à ce sujet le bel ouvrage récemment publié par M. Bergasse, sous le titre *d'Essai sur la propriété.* Sous le rapport de la politique, et quand une secte répandue dans toute l'Europe s'efforce de saper dans leurs bases les gouvernemens établis, pour les renverser, et de substituer l'esprit de la démocratie à la monarchie, il pourroit être permis de penser qu'il eût été plus utile pour la tranquillité future des états monarchiques dont se compose l'Europe, de ne pas légitimer en France tous les avantages créés par la révolution.

Enfin, sous le rapport de la monarchie, le gouvernement ne se seroit-il pas assuré une garantie plus grande dans les anciens propriétaires, dont les familles étoient dévouées à la monarchie, que dans les propriétaires créés depuis la révolution, et par les lois de la révolution.

Le Conseil avouera qu'aux trois considérations d'un ordre supérieur qu'il vient d'indiquer, on peut opposer des raisons graves, tirées du grand nombre de transactions, de ventes et de partages dont les biens vendus sur les émigrés ont été l'objet ; mais il n'hésite pas à penser qu'on a donné à ces raisons, et par des motifs politiques, plus d'importance qu'elles n'en méritoient. Il auroit certainement été difficile de faire une bonne loi d'indemnités des acquéreurs et possesseurs des biens des émigrés, mais ces difficultés n'auroient pas été insurmontables ; ce ne seroit pas la première fois que des législateurs auroient été appelés à faire des lois pour régler de semblables intérêts. On se bornera à en citer deux célèbres exemples.

En l'année 1566, et dans les années antérieures, le

clergé de France, en vertu des bulles du pape et des lettres-patentes des rois de France, avoit aliéné la plus grande partie de ses biens; de semblables aliénations, faites avec le concours des deux puissances temporelle et spirituelle, étoient bien autrement favorables que celles des biens des émigrés: plus *de cent années après ces aliénations*, le clergé demanda à rentrer dans ces biens aliénés, en remboursant aux propriétaires actuels les prix qui avoient été payés par les acquéreurs originaires. On voit dans le préambule de l'édit de Louis XIV, du 31 mars 1666, que les possesseurs opposoient à cette demande du clergé les mêmes considérations qu'on fait valoir pour les acquéreurs des biens des émigrés. « La » faculté de rachat, y est-il dit, qui pouvoit être juste dans » les premiers temps auxquels les aliénations ont été » faites, ne le seroit plus dans la suite, ayant été facile » de les retirer de la première main avant qu'ils eussent » fait souche dans les familles, et lorsque la proportion » d'entre les héritages aliénés, et le prix qui auroit été » remboursé, pouvoient encore se rencontrer.

» Mais après que par une paisible possession, affermie » par une suite d'années au-delà de la centenaire, que » par différens partages et sous-partages, ventes volon- » taires ou forcées, les biens sont rentrés dans le com- » merce, et se trouvent par ce moyen confondus avec le » patrimoine des familles dont ils font les établissemens; » que par la diminution notable de la valeur de l'argent, » causée par l'abondance, il n'y ait plus aucune propor- » tion entre les biens aliénés et le prix qui en seroit rem- » boursé, la faveur du retrait sembleroit devoir cesser, et » le repos et le bien public l'emporter sur les avantages » particuliers des ecclésiastiques. »

Nonobstant ces puissantes considérations, Louis XIV, par un édit du 31 mars 1666, maintint pendant cinq années la faculté accordée aux ecclésiastiques, par des lettres-patentes du 15 décembre 1656, de rentrer dans leurs biens aliénés, à la charge de rembourser aux détenteurs des biens aliénés le prix de l'aliénation, et les taxes payées pour la confirmation des aliénations.

On peut citer, comme un second et célèbre exemple de la restitution aux anciens propriétaires des immeubles confisqués et aliénés, les dispositions des traités de paix de *Nimègue*, de *Riswick*, d'*Utrecht*, de *Rastadt*, que le Conseil a rappelés dans la discussion de la première question, lesquelles ont restitué les sujets des puissances belligérantes dans tous leurs biens confisqués par suite de la guerre, sans avoir égard aux ventes que les puissances, en usant du droit de la guerre, en avoient faites à des acheteurs de bonne foi, qui avoient possédé ces biens pendant plusieurs années (1).

(1) « Ceux sur lesquels quelques biens ont été saisis à l'occasion de la-
» dite guerre, leurs héritiers ou ayans-cause, de quelque condition ou re-
» ligion qu'ils puissent être, jouiront d'iceux biens, et en prendront pos-
» session de leur autorité privée, et en vertu du présent traité, sans qu'il
» leur soit besoin d'avoir recours à la justice, nonobstant toutes incorpo-
» rations au fisc, engagement, dons en faits, sentences préparatoires ou
» définitives données par défaut, et contumace en l'absence des parties
» et icelles non ouies, traites, accords et transactions, quelques renoncia-
» tions qui ayent été mises ès dites transactions, pour exclure de partie
» desdits biens ceux à qui ils doivent appartenir, et tous et chacuns biens
» et droits qui, conformément au présent traité, seront restitués, ou doi-
» vent être restitués réciproquement aux *premiers propriétaires*, *leurs*
» *hoirs et ayans-cause*, pourront être vendus par *lesdits propriétaires* sans
» qu'il soit besoin d'impétrer pour ce *consentement particulier*. »

Traité de paix de Nimègue, entre Louis XIV et les états-généraux des Provinces-Unies des Pays-Bas, du 10 août 1678.

Les traités de Riswick, du 20 septembre 2697, et d'Utrecht, du 11 avril

Auroit-il été plus difficile en 1814 de pourvoir au remboursement des acquéreurs et possesseurs des biens des émigrés, et de juger d'après le droit commun les procès élevés à l'occasion de l'exercice des actions recursoires entre les acquéreurs successifs, que cela ne fut difficile lors du rachat des biens aliénés du clergé, après une possession plus que CENTENAIRE des biens aliénés, et après les restitutions stipulées par les traités de paix précités? ou les circonstances politiques dont la restauration de la maison de Bourbon a été accompagnée ont-elles dû conseiller de suivre une autre marche, et d'adopter des principes différens? Ce n'est pas sur cette question que le Conseil est appelé à émettre son opinion, et il ne lui appartient pas de prononcer sur une question que le souverain légitime a décidée, et sur laquelle il avoit le droit de statuer dans l'intérêt de l'Etat. La seule question soumise au Conseil, et à laquelle par conséquent il doit borner son examen, est de savoir *si le légitime souverain a pu valider les ventes qui ont été faites des biens confisqués sur les émigrés, sans assurer aucune indemnité aux anciens propriétaires?*

Dans cette question, telle qu'elle est posée dans les mémoires à consulter mis sous les yeux du Conseil, on suppose, comme un point de fait constant, que les ventes des biens des émigrés ont été validées par la Charte constitutionnelle.

Mais la disposition de la Charte à laquelle on attribue la confirmation des ventes des biens des émigrés, augmentée de l'article 10 placé immédiatement après celui

1713, passés entre les mêmes puissances, contiennent dans leur article 6 des dispositions qui sont littéralement les mêmes que celles de l'article 5 du traité de Nimègue ci-dessus transcrit.

qui valide ces ventes, a-t-elle suffi pour valider les ventes
à l'égard des anciens propriétaires, sans une juste indemnité? Non : le Conseil en a déjà dit les raisons. Parce que
le souverain, auteur de la Charte, n'ayant pu valider les
aliénations des biens des émigrés que pour cause de l'intérêt public, et en vertu de son droit de *domaine éminent*,
les anciens, les véritables propriétaires n'ont pas pu être
dépouillés de leur droit de propriété par la Charte, sans
une indemnité. Il seroit même très-extraordinaire que,
dans le même acte solennel, dans lequel le légitime souverain a déclaré, comme *droit public des Français*, et non
pas comme un droit nouveau, comme une concession
par lui octroyée, que « toutes les propriétés sont invio-
» lables ; et que lorsque l'Etat en exige le sacrifice de la
» part du propriétaire, pour intérêt public, ce proprié-
» taire doit être indemnisé par l'Etat; » le même souverain eût cru pouvoir prononcer la maintenue des ventes
des biens des émigrés sans aucune indemnité aux anciens
propriétaires, les seuls légitimes que Louis XVIII pouvoit
et devoit reconnoître, puisqu'ils n'avoient été dépouillés
de leurs biens, puisqu'ils n'en avoient perdu la possession que par des lois émanées des assemblées dont il ne
reconnoissoit ni le droit ni l'autorité. Une telle inconsé-
quence ne peut pas être reprochée à la Charte ; et il faut
bien qu'on ait pensé qu'elle ne garantissoit pas compléte-
ment les acquéreurs de biens nationaux, puisque cette
garantie a été renouvelée depuis la Charte par plusieurs
actes du gouvernement du Roi, et par l'article 1er de la
loi du 5 décembre 1814, relative aux biens non vendus
des émigrés, laquelle porte : « Sont maintenus, et sor-
» tiront leur plein et entier effet, soit envers l'Etat, soit
» envers les tiers, tous jugemens et décisions rendus, tous

» actes passés, tous droits acquis, avant la publication de
» la Charte constitutionnelle, et qui seroient fondés sur
» des lois ou actes du gouvernement relatifs à l'émigra-
» tion. »

Cette dernière loi n'avoit pas été assez méditée. Elle
contient des dispositions contradictoires. D'un côté, elle
maintient par son article premier tous les droits *acquis*
contre les émigrés, et par conséquent elle confirme, autant qu'il est en sa puissance, les aliénations qui ont été
faites de leurs biens, sans aucune indemnité aux anciens
propriétaires, dont l'expropriation est maintenue à leur
égard et au profit des acquéreurs et possesseurs ; et d'un
autre côté, elle ordonne la remise en nature des biens
non vendus à ceux qui en étoient les *propriétaires*, ou à
leurs héritiers ou ayans-cause.

Le conseiller d'Etat qui présenta le projet de loi à la
chambre des députés avoit dit, dans l'exposé des motifs :
« La loi que nous vous apportons *reconnoît un droit de*
» *propriété qui existoit toujours ;* elle en légalise la réin-
» tégration. »

On ne peut pas douter que le projet de loi n'eût été ré-
digé dans cet esprit ; c'est d'ailleurs ce qui résulte des
expressions *restituer* et *restitution*, qu'on lit dans le projet.
Ces expressions *restitutions*, qui avoient été employées
par la convention nationale, dans la loi du 8 prairial
an III, par laquelle cette assemblée restitua aux familles
des condamnés révolutionnairement les biens confisqués
sur les condamnés, et qui alors n'avoient été l'objet d'aucune critique (parce que cette loi étoit une loi de justice,
et non une loi de grâce, comme celle du 5 décembre 1814,
et que si l'article 21 confirmoit les ventes faites par la nation des biens des condamnés, le même article ordonnoit

4

la restitution du prix à la famille des condamnés ; et c'est sans doute par cette raison que la loi du 18 prairial an III ne causa aucune alarme aux acquéreurs des biens des condamnés, parce que le prix des biens payés à la famille du condamné légitimoit la vente illégale faite par la nation), excitèrent en 1814 de vives réclamations de la part de la commission de la chambre des députés, qui proposa de substituer le mot *remise* à celui de *restitution,* que contenoit le projet de loi.

Cette modification du projet de loi, un peu trop légèrement adoptée, jointe à la disposition impérative de l'article 1er de la loi, qui maintenoit, purement et simplement, et sans parler d'indemnité, tous les droits acquis contre les émigrés, a fait naître des doutes sur le véritable caractère de la remise des biens rendus. Suivant l'intérêt des parties, on a soutenu, tantôt que la loi avoit fait aux anciens propriétaires une remise de justice, tantôt qu'elle ne leur avoit fait qu'une libéralité et une remise de grâce. La jurisprudence des cours royales de France, quelque temps incertaine et contradictoire sur cette question, paroît se prononcer dans le sens que la remise des biens non vendus a été faite à titre de grâce ; on peut citer parmi les arrêts qui l'ont ainsi jugé, un arrêt de la cour de cassation, du 29 janvier 1819, dans l'affaire de M. l'abbé Duclaux, contre M. le marquis d'Espinay de Saint-Luc, et un arrêt de la cour royale de Rouen, du 22 juillet de la même année, dans la même affaire. (Ces deux arrêts sont rapportés dans le *Journal du Palais.*)(1)

Ces deux arrêts ont nettement jugé que les biens non vendus n'étoient rendus aux émigrés qu'à titre de grâce

____

(1) *Voyez* ces arrêts rapportés textuellement à la fin de la Consultation sous le numéro 1.

et de libéralité ; et on doit avouer que, si l'on admet que
les ventes des biens des émigrés ont pu être maintenues
à leur égard *sans indemnité*, l'Etat, qui, dans ce sy-
stème, étoit propriétaire des biens non vendus des émigrés, et qui étoit ainsi pleinement libre de les conserver
ou de les rendre, a fait, en les rendant aux anciens propriétaires, une véritable libéralité, suivant la définition
que les lois elles-mêmes donnent de la *donation, donari*
videtur quod nullo jure cogente conceditur (Leg. 82, ff. *de*
Regul. jur.) Tant qu'une indemnité n'aura pas été payée
par l'Etat, à titre de justice, aux émigrés pour leurs biens
vendus sans leur consentement, il sera vrai de dire *que*
dans les principes qui ont servi de base à la loi du 5 dé-
cembre 1814, et dans l'esprit de toute la législation française sur cette matière, suivie encore par les tribunaux
de France, les biens non vendus des émigrés ne leur ont
été rendus qu'à titre de grâce. Les principaux motifs de la
jurisprudence qui paroît s'établir dans les cours royales
de France, et dans la cour de cassation sur cette question, ont été développés par le soussigné, dans une consultation par lui délibérée, le 25 septembre 1819, sur la
question des dettes des émigrés : après avoir rappelé les
principes du droit sur les caractères des restitutions à titre
de grâce ou à titre de justice, le soussigné continuoit ainsi,
page 34, édition in-4° : «Enfin, nous permettra-t-on encore
» une dernière réflexion, qui nous semble donner la raison
» foncière de la différence que les jurisconsultes et la juris-
» prudence que nous venons de citer mettent entre les
» effets de la restitution du condamné par voie de justice
» et celle du condamné restitué par la grâce du prince ?
» Nous dirons que c'est un principe de droit certain, que
» les bénéfices ou les grâces accordés par le prince ne

» peuvent préjudicier à des tiers (leg. 7, *cod. de precib.*
» *offerend.* leg. 40, ff. *de administr. tut.*); et ce principe
» suffit pour décider que le prince, en accordant sa grâce
» au condamné, en le restituant contre la peine de la
» mort civile qu'il a encourue, ne peut pas préjudicier
» aux tiers qui possèdent par donation ou par acquisition
» les biens qui, par la confiscation, avoient été dévolus
» au fisc : de même que la restitution du condamné ne
» peut pas le faire rentrer dans les successions ouvertes
» pendant sa mort civile, et que d'autres héritiers ont
» recueillies à son défaut ; car sa restitution priveroit un
» tiers d'un droit acquis.

» Mais il en est autrement quand la restitution est faite
» à titre de justice ; les biens, même ceux aliénés par le
» fisc, sont restitués aux condamnés par les tiers qui les
» ont acquis de bonne foi ; parce qu'alors c'est par une
» espèce de droit de postliminie que le condamné est res-
» titué dans tous ses droits ; ses biens, par une fiction de
» droit, sont réputés n'avoir jamais été la propriété du
» fisc ; et le fisc, n'ayant jamais été légitime propriétaire,
» n'a pu valablement transférer à un tiers la propriété
» qu'il n'avoit pas, suivant la règle de droit : *Nemo plus*
» *juris in alium transferre potest quam ipse habet* (leg. 54,
» ff. *de Regul. jur.*); parce qu'alors ce n'est pas un béné-
» fice du prince, qui n'est jamais concédé que sous la ré-
» serve du droit des tiers, mais une justice, un droit réel
» et antérieur, qui prévaut sur un titre qui n'étoit qu'ap-
» parent, et que la loi déclare n'avoir jamais existé. C'est
» pour cette raison que les jurisconsultes décident, et
» que les arrêts de nos anciennes cours souveraines ju-
» geoient constamment que, dans ce cas, les seigneurs
» hauts-justiciers qui avoient profité des confiscations, et

» les tiers qui avoient acquis les biens des condamnés ,
» devoient les restituer. (*Voyez* Bacquet , *des Droits de*
» *Justice*, chap. 16.)

» Or, la loi du 5 décembre 1814 n'a pas restitué aux
» émigrés leurs biens aliénés, ni même le prix que le fisc
» en avoit touché ; elle n'a donc pas fait une remise de
» justice, mais seulement une remise de grâce. »

Lors de la discussion de la loi de remise des biens non
vendus des biens des émigrés en 1814, ceux des opinans
qui combattoient le principe énoncé par M. le conseiller
d'Etat Ferrand, dans l'exposé des motifs du projet de loi,
« que la loi projetée *reconnoissoit un droit de propriété,*
» *qui existoit toujours, et en légalisoit la réintégration,* »
et qui demandoient que le mot *restitution*, qui étoit dans
le projet de loi, fût remplacé par le mot *remise*, ne pen-
sèrent qu'à la garantie des acquéreurs des biens nationaux
qui leur parut, non sans raison, être compromise par une
disposition législative qui auroit admis en principe, que
l'Etat, en restituant aux émigrés ceux de leurs biens non
vendus, ne faisoit que « *reconnoître un droit de propriété*
» *qui existoit toujours ;* » car la conséquence nécessaire de
ce principe étoit que, si le droit de propriété des émigrés
avoit continué d'exister pour les biens non vendus, malgré les lois ou décrets de confiscation qui prononçoient
la réunion des biens des émigrés au domaine de l'Etat,
le même droit de propriété des émigrés continuoit d'exister pour les biens vendus, malgré les ventes faites par
l'Etat, qui n'avoit pas pu transmettre aux acquéreurs le
droit de propriété qu'il n'avoit pas, et qu'on reconnoissoit
avoir toujours existé en faveur des propriétaires anciens.
Aussi le rapporteur de la commission, M. Bedoch, cher-
cha-t-il à établir la légalité des confiscations, et la légi-

limité de la possession des biens des émigrés de la part de l'État. Ce député disoit : « L'État est actuellement pos-
» sesseur des biens non vendus des émigrés ; la possession
» est fondée sur les dispositions d'une loi. Un titre de
» cette nature ne caractérise certainement pas une usur-
» pation, encore moins un vol. Il légitime au contraire
» la possession.

» Il est sans doute de l'équité que l'État rende aux an-
» ciens propriétaires tout ce qui reste libre dans ses mains ;
» mais cette remise volontaire ne peut point être qualifiée
» *restitution*, dans l'acception qu'on donne ordinairement
» à ce mot, dans celle surtout que lui donne le ministre
» d'État (1). »

Cette opinion du rapporteur de la commission pré-valut, et la loi de remise fut rédigée dans un esprit totalement différent de celui dans lequel elle avoit été conçue et présentée par M. le ministre d'État Ferrand. La majorité de la chambre des députés, qui crut, par les modifications qu'elle avoit fait subir au projet de loi, donner une nouvelle garantie aux acquéreurs de biens nationaux, ne s'aperçut pas que, si, à l'égard des anciens propriétaires dépouillés, les ventes nationales étoient valables par elles-mêmes, et en vertu des lois qui avoient confisqué les biens des émigrés, elles n'avoient pas besoin, pour leur validité, d'une nouvelle loi ; et que, si ces ventes étoient nulles envers les anciens propriétaires, la loi nouvelle ne pouvoit les valider pour cause d'intérêt

---

(1) On voit que M. le rapporteur raisonne comme si les assemblées qui ont porté les lois contre les émigrés avoient un pouvoir légal, légitime et non *usurpé*. La possession fondée sur un acte émané d'un pouvoir législatif usurpé ne peut pas être légitime, parce qu'il a plu aux auteurs de cet acte de lui donner le nom de loi. (*Note de l'Éditeur.*)

public, qu'en indemnisant ces propriétaires. Les législateurs, entraînés par le désir de donner une nouvelle garantie aux acquéreurs de biens nationaux, ne firent pas attention qu'en imprimant à la loi de remise le caractère d'une libéralité, ils alloient mettre entre les mains des émigrés les armes les plus fortes pour repousser les demandes de leurs créanciers en paiement des créances antérieures à l'émigration ; et qu'en rendant aux anciens propriétaires, à titre nouveau, les immeubles qui leur avoient été confisqués, les hypothèques existantes sur ces immeubles au temps de la confiscation, et du chef des propriétaires, ne pouvoient plus revivre.

D'ailleurs, la loi de décembre 1814 ne relevant les émigrés des effets de la mort civile que pour l'avenir, et ne faisant la remise des biens non vendus qu'à titre singulier, et non à titre universel et à titre de grâce, les dettes par eux contractées avant leur émigration, et qui avoient été éteintes par leur mort civile suivie de la confiscation de l'universalité de leurs biens, ne pouvoient pas revivre. Ces moyens de libération des émigrés ont été développés par deux jurisconsultes (1), et leur évidence a frappé tous les esprits. Plusieurs tribunaux de première instance, et même deux arrêts de la cour royale de Dijon, l'un du 12, et l'autre du 14 avril 1821, rendus par deux chambres différentes, ont prononcé la libération des émigrés quant aux dettes par eux contractées avant leur émigration. En effet, la libération des émigrés est une conséquence nécessaire de la remise qui leur est faite de leurs biens rendus, à titre de grâce (2).

(1) M. le baron Locré et le soussigné, dans deux consultations délibérées séparément ; la première, le 6 février 1819, et la seconde, le 25 septembre de la même année.

(2) *Voyez* le texte de ces deux arrêts, n° 2.

Depuis les deux consultations délibérées par M. le baron Locré et par le soussigné, en faveur des émigrés contre leurs créanciers antérieurs à la confiscation, la jurisprudence solennelle du conseil d'Etat, conforme à celle de la cour de cassation sur les dettes des communes, est venue donner une nouvelle force aux moyens de droit sur lesquels on peut, dans l'état actuel de la législation, établir d'une manière légale la libération des émigrés. On doit regarder la jurisprudence du conseil d'Etat sur les dettes des communes comme irrévocablement fixée par les deux ordonnances royales récemment rendues ; la première, le 10 janvier 1821, contre le sieur *Vinot,* ancien procureur au parlement de Paris, en faveur de la commune de Landreville ; la seconde, le 22 mars 1821, contre les héritiers *de la Touche-Tréville,* au profit de la ville de Rochefort. Celle de la cour de cassation dans la même question a été fixée par l'arrêt de la section civile du 25 mai 1819, dans l'affaire du sieur *Lajaubertie* contre la ville de Bordeaux.

Aux deux arrêts que la cour royale de Dijon que le Conseil vient de citer, et à la jurisprudence du conseil d'Etat et de la cour de cassation, sur les dettes de communes, qui ont une si parfaite analogie avec les dettes des émigrés, il sait qu'on peut opposer un arrêt contraire de la cour royale de Paris, première chambre, qui, dans l'affaire des héritiers de M. le maréchal de Castries, contre M. le prince Masseran, héritier bénéficiaire de M. le prince Ferdinand de Rohan, a jugé, le 23 juillet 1821, que les émigrés rétablis contre la peine de mort civile par eux encourue étoient tenus au paiement des dettes par eux contractées à l'époque de la confiscation de leurs biens (¹). Mais, outre que les motifs sur lesquels cet arrêt repose paroissent au Conseil susceptibles des plus graves objections, et qu'ils sont loin de présenter la solidité de principes qu'on remarque dans ceux donnés par les deux arrêts de Dijon favorables aux émigrés, il peut être permis de penser que la première chambre de la cour royale de Paris, qui, par son arrêt du 29 juillet 1816, dans l'affaire de l'abbé Duclaux contre M. d'Espinay de Saint-Luc (lequel arrêt a été cassé par la cour de cassation, le 25 janvier 1819), avoit jugé que la loi du 5 décembre 1814, en rendant aux émigrés ceux de leurs biens non vendus, leur avoit fait *une remise de justice* (²), a cru devoir persister dans sa jurisprudence; et alors on conçoit que, conséquente avec elle-même, et persistant dans le même principe, elle ait condamné les émigrés au paiement de leurs dettes antérieures à la confiscation.

Il est à remarquer que dans la même cour la deuxième chambre a jugé, le 28 mai dernier, dans l'affaire des héritiers de l'abbé *Malafosse,* contre M. le marquis *du Tillet,* héritier de madame de *Barbançon,* que la loi du 5 décembre 1814 a fait aux émigrés ou à leurs héritiers ou ayans-cause, *une remise de grâce,* une libéralité, en leur rendant ceux de leurs biens non vendus.(Cet arrêt est rapporté au *Journal du Palais,* tom. II, année 1821.) (³) Si la question des dettes des émigrés se présentoit à cette chambre, il est permis de croire qu'elle y seroit résolue en faveur des émigrés, comme une conséquence du prin-

---

(¹) *Voyez* le texte de cet arrêt, nº 3.

(²) *Voyez* le texte de cet arrêt, nº 4.

(³) *Voyez* les notes, nº 4.

cipe admis par la même chambre, que la loi du 5 décembre 1814 a fait une remise de grâce.

D'ailleurs, tout ce que l'on peut conclure de l'arrêt de la cour royale de Paris, première chambre, du 23 juillet 1821, en opposition avec ceux de la cour royale de Dijon, des 12 et 14 avril précédent, et avec la jurisprudence constante du conseil d'Etat et de la cour de cassation sur les dettes communes, c'est que la jurisprudence des cours royales de France sur l'importante question des dettes des émigrés est encore vacillante, que cette jurisprudence n'est pas encore consolidée, et qu'elle ne pourra l'être que par les arrêts de la cour de cassation. Mais n'est-on pas fondé à dire que cette cour semble déjà avoir préjugé la jurisprudence qu'elle adoptera sur la question des dettes des émigrés, en décidant par plusieurs arrêts que la loi du 5 décembre 1814 n'a fait aux émigrés qu'une *remise de grâce, de libéralité ?* que la remise étoit faite non par la voie civile des successions, mais bien par la voie naturelle de justice et d'équité, au profit de la famille des anciens propriétaires ? Or, si la remise des biens est faite, non par la voie civile des successions, mais bien par la voie naturelle de justice et d'équité, au profit de la famille des anciens propriétaires, il s'ensuit, comme l'a fait remarquer le soussigné, dans sa Consultation du 25 septembre 1819 précitée, que les créanciers ne peuvent pas invoquer les lois civiles pour contraindre les familles des anciens propriétaires à acquitter les dettes que la loi civile des successions pourroit seule les obliger à payer ; car c'est par la loi civile, et uniquement par cette loi, que l'héritier est déclaré succéder à l'universalité des droits laissés par le défunt (leg. 62, ff. *de Regul. jur.*, et leg. 37, ff. *de Adquirend. vel omittend. hæredit.*), et qu'il est tenu de toutes les obligations contractées par celui auquel il succède (leg. 1, *cod. si cert. petat*). Or, ce n'est pas par la loi civile des successions que les familles des anciens propriétaires sont appelées par un bienfait du prince à recueillir les biens non vendus, confisqués sur les émigrés ; ces familles ne peuvent donc être tenues au paiement des anciennes dettes existantes sur ces biens au temps de la confiscation, qui ne sont dues, et ne pourroient être réclamées contre elles qu'en vertu de la loi civile, et dans le cas seulement où la remise des biens se seroit opérée par une restitution de justice.

Le Conseil peut donc affirmer qu'il faut, ou que la cour de cassation réforme la jurisprudence qu'elle a suivie jusqu'à présent sur la nature de la remise des biens, faite par la loi du 5 décembre 1814, et qu'elle décide que cette remise a été faite à titre de justice ; ce qui, ainsi qu'on l'a fait observer ci-dessus, frappe de nullité toutes les ventes des biens des émigrés faites par les gouvernemens de fait, et que la Charte ou les actes subséquens du gouvernement du Roi ont déclarées légitimement faites, puisqu'ils les ont maintenues à l'égard des anciens propriétaires, sans aucune indemnité ; ou que, si elle persiste dans sa jurisprudence, elle en admette les conséquences nécessaires envers les créanciers des émigrés antérieurs à la confiscation, et à l'égard desquels la libération de débiteurs originaires *est une suite nécessaire de la remise des biens à titre de grâce.*

Cette libération des débiteurs, qui ne choque ni la raison ni l'équité, lorsque l'émigré débiteur avant la mort civile dont il a été frappé ne récupère aucun bien, ou seulement une faible partie de ses biens confisqués, confond et choque toutes les idées dans le cas où le débiteur a retrouvé tout ou la plus grande partie de ses biens. La raison ne peut comprendre que le débiteur retrouvant ses biens soit libéré des dettes dont ils étoient grevés, et qui n'ont pas été payées; l'équité se révolte contre une semblable décision des lois. Tant il est vrai qu'une loi fondée sur un principe erroné ne peut pas être, dans toutes ses conséquences, conforme à l'équité; tant il est vrai que le législateur qui sacrifie les principes du droit à des opinions politiques, ou à des intérêts du moment, élève un édifice qui, ne reposant sur aucun fondement solide, s'écroule au premier choc! L'arbitraire engendre l'arbitraire, et l'injustice naît de l'injustice qu'on a consacrée, au lieu d'avoir osé la réparer. La marche suivie par les législateurs français depuis la restauration, sur les ventes des biens des émigrés, est une nouvelle preuve de cette vérité.

Cette consequence erronée, quoique rigoureusement déduite du faux principe qui a servi de base à la loi du 5 décembre 1814, ne seroit pas la seule que nous pourrions faire remarquer : il en est d'autres, et de très-préjudiciables au trésor public par la manière dont on a effectué certaines restitutions de biens non vendus, qu'on pourroit signaler ici; mais ce seroit introduire une question presque étrangère à celle qui est soumise au Conseil (1).

On auroit écarté toutes les difficultés nées de la dis-

(1) L'auteur veut sans doute parler des restitutions de biens faites à des émigrés dont les dettes antérieures à la confiscation ont été payées par l'Etat, et qui ont été réintégrés dans la propriété de leurs biens, sans être tenus à rembourser ces dettes, à quelques sommes qu'elles se soient élevées, et quand bien même elles absorboient la valeur des biens confisqués. Dans ce cas, la restitution des biens faite à l'émigré a été préjudiciable à l'Etat, et la confiscation momentanée a procuré à l'émigré sa libération envers ses créanciers. *(Note de l'Editeur.)*

tinction entre la remise à titre de grâce et la remise à titre
de justice, et évité les dangereuses incertitudes de la jurisprudence sur les dettes des émigrés, si, en même temps
que la loi du 5 décembre 1814 a fait aux émigrés la remise de leurs biens non vendus, elle eût déclaré, comme
le proposoit le ministre d'Etat, M. Ferrand, que la loi
ne faisoit que reconnoître *un droit de propriété qui existoit toujours;* et si, en maintenant pour cause de l'intérêt
public les ventes des biens des émigrés, elle eût décrété
qu'une indemnité seroit payée par l'Etat aux anciens propriétaires dont les biens avoient été vendus.

Mais ces inconvéniens si graves, et qui ont tous leur
source dans l'oubli du principe, que le souverain ne peut
pas valider les ventes illégales sans indemniser les anciens
propriétaires, ne sont pas encore les plus grands. Si l'on
considère qu'il importe essentiellement à la garantie de
toutes les propriétés immobiliaires, de ne pas laisser subsister un exemple aussi malheureusement célèbre d'une
violation du droit de propriété, et de détruire l'idée aussi
fausse qu'elle est dangereuse, que les gouvernemens peuvent disposer de la propriété des particuliers par des
actes ou des lois, il est permis de s'étonner que le gouvernement français n'ait pas encore rendu cet hommage
au droit de propriété.

On trouve dans un édit extrêmement remarquable du
roi de Sardaigne, du 22 septembre 1818, en faveur des
émigrés du duché de Savoie et du comté de Nice, la plupart des principes développés jusqu'ici :

« Dès les premiers momens de notre retour dans nos
» Etats nous aurions voulu accorder une équitable in-
» demnité à ceux de nos bien-aimés sujets du duché de
» Savoie et du comté de Nice, qui, par la perte de leur

» fortune, et par toutes les souffrances d'un injuste exil,
» ont donné un si noble exemple de leur dévouement à
» leur souverain, et de leur attachement aux lois de l'hon-
» neur et du devoir.

» Si, à l'époque de notre retour dans nos Etats, dit ce
» souverain, le besoin de rendre la paix à l'Europe, et la
» crainte de ne réparer des maux que par d'autres maux,
» nous ont déterminé, d'accord avec nos puissans alliés,
» à empêcher de la part de ces anciens propriétaires
» toute poursuite contre les acquéreurs de leurs biens,
» notre cœur paternel n'a été que plus vivement ému de
» l'état de privation où ils ont été réduits, soit pour *avoir*
» *suivi leurs drapeaux fidèlement, où étoit leur véri-*
» *table domicile*, soit uniquement pour s'être réfugiés,
» dans leur malheur, sous l'égide du trône de leurs
» pères, tandis qu'aucune partie de nos Etats ne pouvoit
» être pour ces bons et fidèles sujets une terre étrangère.

» Nous étions d'autant plus disposés de venir à leur
» secours, que cette mesure ne peut que rappeler à nos
» peuples cette fidélité et *cette antique et religieuse pro-*
» *bité* qui furent de tout temps l'apanage de nos ancêtres
» et des leurs.

» Il est juste aussi que le souvenir de cet acte mémo-
» rable de notre bienveillance royale se transmette, et
» rappelle à la postérité que les maximes tutélaires qui
» assurent la stabilité de l'ordre légitime, assurent égale-
» ment la conservation des patrimoines des familles, et
» les garantissent des tristes effets de cette insatiable cu-
» pidité qui accompagne nécessairement, et rend si fu-
» nestes toutes les convulsions politiques (¹). »

(¹) *Voyez* cet édit tout entier, imprimé à la suite de la Consultation, numéro 6.

Ces pensées sont élevées, et dignes d'un grand souverain. On se tromperoit, au reste , si, au lieu de voir dans cet édit ce que ses dispositions textuelles indiquent, c'est-à-dire un acte de justice rigoureuse, on vouloit, abusant de ces mots, *bienveillance royale,* qu'on lit dans le préambule de l'édit, n'y voir qu'un acte de grâce. Ces expressions sont suffisamment expliquées par l'aveu que fait plus bas le souverain, que l'indemnité qu'il accorde est *un acte de juste* libéralité. Ce mot *juste* annonce assez que le souverain auroit cru manquer au plus essentiel de ses devoirs, s'il n'avoit indemnisé les propriétaires auxquels il imposoit à *regret,* et pour cause d'intérêt public, l'obligation de n'exercer aucune poursuite contre les acquéreurs de leurs biens. Cet acte de justice est d'autant plus remarquable, que l'État, dont le souverain accorde l'indemnité aux expropriés, n'avoit pas profité du prix des biens vendus, lequel avoit été versé dans le trésor public de France : mais le souverain légitime du duché de Nice et du comté de Savoie a reconnu qu'en validant, pour cause d'intérêt public, les ventes illégalement faites des biens de ses sujets, il ne pouvoit le faire qu'en les indemnisant. Ce qui d'ailleurs ne laisse aucun doute que l'indemnité ne soit accordée par l'édit à titre de justice, c'est que cette indemnité est, à peu de chose près, égale au revenu des fonds et capitaux perdus, évalués aux taux de quatre pour cent.

Sans entrer ici dans les considérations de haute politique et de finances qui peuvent porter le gouvernement français à suivre le noble exemple donné par S. M. le roi de Sardaigne, et à proposer une loi d'indemnité en faveur des propriétaires dépouillés par les lois de confiscation, le Conseil n'hésite pas à déclarer que cette loi est réclamée

pour la sécurité et la garantie des acquéreurs et possesseurs des biens des émigrés, pour la sécurité de tous les
propriétaires, pour la liberté même des sujets, qui ne
peuvent pas se croire libres dans leurs personnes, s'ils ne
sont assurés par les lois que leurs propriétés ne leur seront point enlevées, et si le passé leur laisse de justes
sujets d'inquiétude sur l'avenir.

La loi d'indemnité est réclamée pour la sécurité et la
garantie des acquéreurs et possesseurs des biens des émigrés, vendus par les lois et décrets des assemblées nationales; car le Conseil a prouvé que le droit des anciens
propriétaires existoit toujours légalement, et que, tant
que ce droit n'auroit pas été satisfait par le paiement
d'une indemnité de la part de l'État qui a vendu les biens
des émigrés, et qui en a touché le prix, le droit des
nouveaux propriétaires demeurera toujours incertain,
imparfait.

Il a prouvé également que le légitime souverain étoit
dans l'impuissance de maintenir, pour cause d'intérêt public, ces ventes, nulles dans leur origine par le défaut de
pouvoir dans les assemblées qui les avoient ordonnées,
sans le paiement d'une indemnité; qu'ainsi, et jusqu'à ce
qu'il ait été pleinement satisfait au droit de propriété des
anciens propriétaires par cette indemnité; jusqu'à ce que,
par cette voie, on soit parvenu à l'éteindre, les acquéreurs de leurs biens n'avoient, dans la sévérité des principes du droit, qu'une simple possession, qui ne peut pas
même servir de base à la prescription, puisque cette possession repose sur un titre originairement vicieux, et
que les légitimes propriétaires n'ont jamais été libres de
faire valoir leurs droits contre les possesseurs.

Les acquéreurs des biens nationaux, il faut le leur dire

et le répéter, plus encore que les propriétaires des biens patrimoniaux, sont intéressés à ce qu'il ne soit pas établi en principe que la majorité d'une assemblée a le droit de disposer de la propriété des citoyens : car, si les assemblées de 1792 et 1793 ont pu légalement déposséder les anciens propriétaires, comment refuser à d'autres assemblées, qui pourroient usurper à leur tour le pouvoir législatif, le droit de rétablir ces anciens propriétaires dans les propriétés dont la révolution les a dépouillés?

La loi d'indemnité est réclamée pour la sécurité de tous les propriétaires d'immeubles, même patrimoniaux. La Charte a aboli la peine de la confiscation des biens, et elle a défendu de la rétablir (art. 76). Cependant le Conseil pense que la loi d'indemnité seroit une plus sûre garantie contre toutes les confiscations possibles dans l'avenir, que cet article de la Charte. Les lois de confiscation, injustes et funestes dans tous les temps, le sont encore davantage dans les temps de trouble et d'anarchie; ce sont les armes les plus dangereuses avec lesquelles les partis se combattent d'abord, et se perpétuent ensuite.

La loi de janvier 1791 avoit aussi aboli la confiscation des biens *dans tous les cas*; et malgré cette loi, quelques années après, et sous les mêmes gouvernemens qui avoient prononcé l'abolition de la confiscation, ont été décrétées et exécutées les plus grandes confiscations dont l'histoire ait conservé le souvenir. La confiscation avoit été abolie par la Charte donnée par Louis XVIII en 1814; et une année ne s'étoit pas écoulée, que la confiscation avoit été implicitement rétablie par les articles additionnels aux constitutions de l'Empire publiés le 23 avril 1815, qui, ne portant aucun l'abolition de la confiscation, laissoient subsister cette peine pour les cas dans lesquels le Code pénal impérial la prononçait. Et comment Buonaparte auroit-il voulu abolir la confiscation? lui qui, par son fameux décret de Lyon du 13 mars 1815, avoit ordonné la réapposition du séquestre sur tous les biens rendus aux émigrés depuis le 1er avril 1814? Il savoit trop bien que les confiscations sont les armes les plus terribles avec lesquelles l'usurpation peut combattre la légitimité.

Ces faits suffisent pour qu'on soit fondé à dire que la disposition de l'article 76 de la Charte peut n'être pas considérée comme une barrière insurmontable au retour des lois de confiscations. La loi d'indemnité, en rendant un hommage éclatant au droit de propriété, en réparant les brèches que les lois de la révolution ont faites à la propriété, en replaçant la société sur sa véritable base, le droit de propriété, aura plus fait pour prévenir le retour des confiscations, que la Charte elle-même par la disposition de son article 76.

La loi d'indemnité est réclamée pour la liberté des sujets; car il ne peut pas y avoir de liberté pour les personnes dans un pays où la propriété n'est pas garantie invariablement par les lois.

Ce seroit inutilement que les lois d'un Etat prétendroient assurer la liberté des citoyens, si elles ne leur garantissoient pas leur propriété. La liberté ne peut exister que dans les gouvernemens où le droit de propriété est placé hors des atteintes les plus légères de la part du souverain. Si on y réfléchit, on sera convaincu que le peuple anglais ne doit la liberté dont il jouit qu'à la puissante protection que les lois anglaises accordent au droit de propriété. La liberté des citoyens n'a plus été qu'un vain mot en France, lorsque la propriété a cessé d'être respectée. On ne doit pas perdre de vue que tous les excès commis contre les personnes, et toutes les lois sanguinaires qui ont couvert la France d'échafauds et de victimes, n'ont eu lieu que parce qu'on avoit commencé à violer le droit de propriété.

Quelle force en effet peut avoir un citoyen pour défendre sa liberté, et pour réclamer contre les actes d'un gouvernement arbitraire et tyrannique, lorsque sa propriété peut à chaque instant lui être enlevée par les actes de ce gouvernement, sous les prétextes les plus frivoles?

Dans tous les pays, et sous tous les gouvernemens, les confiscations sont odieuses : si on peut dire avec Montesquieu, qu'elles sont utiles dans les gouvernemens despotiques pour corriger les abus du péculat, c'est tout autre chose dans les Etats modérés. « Les confiscations, » dit Montesquieu, rendroient la propriété des biens » incertaine; elles dépouilleroient des enfans innocens; » elles détruiroient une famille, lorsqu'il ne s'agit que » de punir un coupable. » (*Esprit des lois*, liv. *V*, chapitre 15.)

Mais ce n'est pas dire assez; l'histoire est pleine des malheurs causés par les abus des lois de confiscations.

« Aussi voyons-nous, dit Bodin, que le comble de » tyrannie extrême a toujours été ès confiscations des » subjets. Par ce moyen, Tibère l'empereur fit ouverture » d'une cruelle boucherie, laissant la valeur de soixante-» sept millions d'escus couronne, acquis pour la plupart » des confiscations. Et après luy, ses neveux, Caligula et » Néron, empereurs, ensanglantèrent leurs mains des » plus vertueux et apparens hommes de tout l'Empire, et » la plus part pour les biens qu'ils avoyent.

» Et combien qu'il se peut compter autant de bons et
» vertueux rois en ce royaume, qu'il en fut oncques en
» monarchie de la terre, si est ce qu'on y peut voir le
» domaine n'avoir point eu plus grand accroissement
» que par confiscations, où par donations forcées. Y
» eut-il oncques prince au monde pareil en vertu, en
» piété, intégrité, à nostre roy saint Louis? et toutefois,
» par les moyens que j'ai dit, ayant faict condamner
» Pierre de Dreux, il confisqua, puis réunist à sa cou-
» ronne le comté de Dreux : comme il fit aussi à Thibaut,
» comte de Champagne et roy de Navarre, qui estoit en
» même danger s'il n'eût quitté Bray, Fortioné et Mons-
» treuil; et Raymond, comte de Toulouse, le pays de
» Languedoc. Les pays de Guyenne, Anjou, le Maine,
» Touraine, Auvergne, sont venus à la couronne par
» confiscations du temps de Philippes le Conquérant. Le
» duché d'Alençon, et le comté de Perche, sont aussi
» venus au domaine pour confiscations ; en pareil cas,
» Périgord, Ponthieu, la Marche, Angoulesme, l'Isle en
» Jourdain, le marquisat de Saluces, et tous les biens de
» Charles de Bourbon, et plusieurs autres seigneuries
» particulières qui ont été confisqués pour crime de lèze
» majesté, suivant la coutume des autres républiques et
» les lois anciennes. »

(*Voy*. Bodin, *de la République*, liv. V, chap. 3.)

Or, si les confiscations ont pu produire des effets aussi
funestes, dans un gouvernement monarchique, et sous
des princes bons et vertueux, quels malheurs et quelles
injustices ne pourroient-elles pas entraîner dans un État
populaire, ou même dans une monarchie, sous des
princes foibles ou méchans?

Un des plus beaux titres de gloire de cet empereur-lé-

gislateur, *Justinien*, est l'abolition du droit de confiscation par sa Novelle 17, *cap.* 12 ; c'est à la sage et humaine
disposition de cette Novelle, observée dans les pays de
droit écrit jusqu'à l'époque de la révolution, que les pro-
vinces de France où ce droit étoit la loi municipale,
sont redevables d'avoir été préservées de la confiscation (1),
à la différence des pays de coutume, dans lesquels on
suivoit la maxime du Droit français : « qui confisque le
corps, il confisque les biens. » (Art. 183 de la *Coutume
de Paris.*)

Quels titres à la reconnoissance éternelle de la postérité n'acquerroit pas le prince qui, après avoir, comme
l'empereur Justinien, aboli la confiscation, auroit conso-
lidé et immortalisé son ouvrage par une loi d'indemnité
en faveur des propriétaires dépouillés par des confiscations aussi immorales qu'elles étoient illégales !

Au reste, il ne suffiroit pas, pour détruire tous les dangers de l'expropriation que le Conseil a indiqués ci-
dessus, de porter une loi d'indemnité en faveur des propriétaires dépouillés : il faudroit encore que cette loi eût
un caractère qui avertît de tout le respect qui est dû à la
propriété en général, et qui annonçât, avec quelque
solennité, que c'est la propriété qui est la base fondamentale des Etats, et qu'elle ne peut être violée sans préparer
des convulsions funestes, et sans que les États soient menacés de leur ruine.

Il est donc important que cette loi ne soit pas une loi
de grâce, mais une loi de justice.

(1) Dans tous les pays du droit écrit, à la réserve du Languedoc, la
confiscation des biens n'avoit pas lieu, excepté dans le cas de crime de
lèse-majesté divine et humaine. *Voy.* Chopin, *de Comm. gallic. consuet.*
part. II, cap. 2. art. 2.

Si elle étoit une loi de grâce, on a assez dit qu'elle détruiroit les droits des créanciers des émigrés antérieurs à la confiscation, non liquidés et non payés par l'État ; et la loi doit être juste envers les créanciers, comme envers les anciens propriétaires dépouillés : les mêmes maximes de droit public et civil, qui militent en faveur de ces propriétaires, militent également pour leurs créanciers.

Si elle étoit une loi de grâce, elle ne feroit rien pour satisfaire le droit de propriété violé par les lois de confiscation ; car le souverain, entièrement libre de faire grâce, ne l'est pas de ne pas faire justice, puisqu'il n'est pas libre de forcer un citoyen à céder sa propriété, même pour cause d'intérêt public, sans une juste indemnité.

Or, il n'y a que cette indemnité accordée à titre de justice, qui puisse couvrir la nullité dont les ventes des biens illégalement confisqués des émigrés sont viciées, tant par l'absence du consentement des légitimes propriétaires, que par le défaut de pouvoir du souverain, qui ne pouvoit maintenir ces ventes à l'égard des possesseurs, et détruire le droit des anciens propriétaires, qu'à la charge d'une juste indemnité.

Enfin, si elle étoit une loi de grâce, on seroit autorisé à penser que la fidélité, que le dévouement aux souverains sont des délits et même des crimes ; qu'aussitôt qu'un pouvoir usurpateur s'élève dans un Etat et triomphe, ceux qui s'attachent au pouvoir légitime ne peuvent avoir, même alors que celui-ci sort vainqueur de la lutte, d'autre espérance que celle d'une humiliante amnistie, et que lorsqu'un trône est attaqué, ceux-là sont indignes de tout intérêt, qui ne se joignent pas à ceux qui veulent l'abattre.

Qu'on adopte de pareils principes de gouvernement, et bientôt la plus précaire, la plus incertaire de toutes les positions sera celle des princes qui gouvernent : que, par une supposition que les événemens qui se passent en Europe ne rendent que trop à craindre, tous les trônes de l'Europe soient menacés à la fois, on demande comment les souverains pourroient faire un appel à la loyauté de leurs sujets ? Et n'est-il pas évident qu'alors ils n'auroient rien de mieux à faire, pour éviter des dangers personnels, que de renoncer à des couronnes dont ils auroient eux-mêmes brisé les appuis.

Délibéré à Paris par le jurisconsulte soussigné, ancien avocat à la cour de Cassation, le 20 août 1821.

H. DARD.

FIN.

TEXTE DES ARRÊTS

RENDUS PAR LA COUR DE CASSATION

ET PAR LES COURS ROYALES,

EN INTERPRÉTATION DE LA LOI DU 5 DÉCEMBRE 1814.

N.° 1.   ARRÊT

De la cour de Cassation, du 25 avril 1819, dans l'af-
faire de M. le marquis d'Espinay-Saint-Luc, contre
M. l'abbé Duclaux.

ATTENDU que, lors de la promulgation de la loi du 5 décembre 1814, le domaine de l'Etat se trouvoit propriétaire
légal des biens qui avoient été confisqués sur les émigrés, et
qui n'avoient été ni vendus ni aliénés par suite des lois sur l'é-
migration ; que la loi du 5 décembre a bien fait cesser, du moment où elle a été publiée, tous les effets de la confiscation sur
lesdits biens, mais qu'elle ne les a pas abolis pour le passé, de
manière à faire considérer ces biens comme n'étant jamais sortis
des mains des anciens propriétaires ; que ce fut même pour
écarter les doutes qui auroient pu s'élever à cet égard, que le
mot *restitué*, qui se lisoit dans le projet de la loi du 5 décembre,
en fut retranché pour y substituer le mot *rendu ;* qu'il ne peut
donc être question de restitution en entier ; d'où suit que les
biens confisqués sur les émigrés et réunis au domaine de l'Etat,
qui ont été rendus par ladite loi, *ne l'ont été réellement qu'à*
titre de libéralité ;

Attendu que, pour être habile à recueillir une libéralité, il
faut avoir capacité pour la recevoir, et que, dans l'espèce, l'ancien propriétaire et la duchesse de Sully, son héritière, étoient

décédés long-temps avant qu'ils pussent profiter du bienfait de la loi; que les biens remis à ce titre ne peuvent dès lors faire partie de leurs successions, et par suite, que l'on ne peut dire qu'il y aura deux successions du même individu, parce que ces biens passeront en d'autres mains qu'entre celles du légataire universel de la duchesse de Sully; que la qualité de légataire universel de la duchesse de Sully, ne donne droit à l'abbé Duclaux qu'aux biens délaissés par la testatrice à son décès, suivant l'art. 1003 du Code civil; et que non-seulement la duchesse de Sully ne possédoit pas les biens dont il s'agit à son décès, mais qu'elle n'avoit non plus aucun droit de les réclamer; qu'on ne peut admettre la fiction que les biens rendus par la loi du 5 décembre 1814 l'ont été réellement à la succession de la duchesse de Sully, puisque cette fiction auroit pour résultat de donner à cette loi un effet rétroactif, ce qui seroit une violation ouverte de l'art. 2 du Code;

Attendu d'ailleurs que la duchesse de Sully n'a légué ni pu léguer à l'abbé Duclaux la propriété des biens qui n'ont été rendus qu'après son décès; que ces biens ne se trouvoient pas en effet nominativement compris dans sa disposition, et que lors même qu'ils y auroient été nominativement compris, ils y auroient été inutilement compris, puisqu'ils se trouvoient être alors irrévocablement réunis au domaine de l'Etat, et que l'article 1021 du Code civil prononce la nullité du legs de la chose d'autrui; que c'est avec aussi peu de raison que l'abbé Duclaux prétend recueillir de son chef les biens rendus par la loi du 5 décembre, attendu qu'il ne le pourroit en sa qualité de légataire universel de la duchesse de Sully, et qu'un représentant ne peut avoir plus de droit que la personne qu'il représente; que si le légataire, lorsqu'il n'y a pas d'héritier à réserve, se trouve placé sur la même ligne que l'héritier naturel, c'est par une fiction de droit qui ne peut être invoquée dans les matières que régit une législation spéciale; qu'aussi, toutes les fois qu'il avoit été question de savoir qui devoit profiter des remises de confiscation, ou de l'héritier institué, ou de l'héritier du sang, il avoit été dans tous les temps déclaré et reconnu, que la remise étoit faite, non par la voie civile des successions, mais bien par la voie naturelle de justice et d'équité, au profit de la famille des anciens propriétaires; que la loi du 5 décembre 1814 est une loi politique et spéciale, qui doit trouver son interprétation dans les motifs qui l'ont fait rendre, et qu'il n'y auroit eu ni justice ni motifs de convenances et d'équité à rendre les biens confisqués sur les émigrés, pour en gratifier des étrangers à leurs familles. — La Cour casse, etc., etc. (1)

ARRÊT

De la cour royale de Rouen, du 22 juillet 1819, dans la même affaire.

Vu l'art. 1003 et l'art. 1021 du Code civil, portant, art. 1003, « Le legs universel, etc. »;

Art. 1021, « Lorsque le testateur aura légué la chose d'autrui, etc. »; vu aussi l'article 2 de la loi du 5 décembre 1814, « Tous les biens-immeubles séquestrés, etc., etc. »;

Attendu qu'il n'est pas contesté au procès que le marquis d'Espinay-Saint-Luc, partie appelante, est de la famille Timoléon, comte d'Espinay-Saint-Luc de Lignery, décédé en 1799, à Constance, en Souabe, durant son émigration, et dont la fille unique avoit épousé le duc de Sully;

Attendu que l'abbé Duclaux, légataire universel de la duchesse de Sully, décédée en France le 10 juin 1809, ne pouvoit être admis à débattre le degré de parenté du marquis d'Espinay-Saint-Luc, avec le comte Timoléon, qu'autant qu'il au-

---

(1) Cette jurisprudence a encore été confirmée par deux arrêts de la cour de Cassation; le premier du 9 mai 1821, qui casse un arrêt de la cour royale de Caen, du 11 juin 1818, dans l'affaire Porcher-Deslonchamps, contre la demoiselle Leguerney; le second du mois de février 1823, section civile, qui a cassé un arrêt de la cour royale de Besançon, du 28 novembre 1820, lequel avoit jugé entre les héritiers de Reculot, que les biens vendus par la loi du 5 décembre 1814 avoient été rendus aux héritiers légaux de l'émigré, à titre de justice. *(Note de l'Éditeur.)*

roit eu lui-même titre et qualité pour former contre l'appelant la demande en revendication des quatre cents arpens de bois qui font l'objet du litige , lorsqu'il étoit en état d'émigration ; que dès ce moment ils sont devenus la propriété de l'Etat, et ont été définitivement réunis au domaine public ; qu'avant , et lors de son décès, la duchesse de Sully n'avoit ni droit ni action sur lesdits biens , et ne pouvoit pas plus les transmettre à titre gratuit qu'à titre onéreux ; que, dans le fait , elle n'en a point disposé, qu'ils ne font point partie de l'actif de sa succession, et par conséquent ne sont point entrés dans la matière du legs par elle fait à l'abbé Duclaux ;

Attendu que les biens revendiqués n'ont jamais appartenu à la duchesse de Sully, qu'ils ont été frappés de la confiscation dans la main du comte Timoléon son père ;

Attendu que la loi du 5 décembre 1804 est une loi fondée sur le droit naturel et politique, *un acte de munificence et de grâce*, dont l'objet a été de diminuer la perte de la fortune des familles d'émigrés, en leur remettant ceux de leurs biens libres d'engagement ou d'affectation , qu'il étoit possible de leur rendre sans nuire aux droits des tiers ;

Attendu qu'il n'est point entré dans la pensée du législateur d'enrichir des étrangers au préjudice des anciens possesseurs, ou de leurs légitimes représentans ; qu'en faisant cette remise, il a eu essentiellement en vue, 1° la personne de l'émigré , au cas où il seroit encore vivant; 2° les parens dans l'ordre de leur successibilité ; 3° les cessionnaires ou ayans - cause des appelés, c'est-à-dire des successibles existans lors de la remise décrétée, la loi n'ayant point évoqué les morts pour les faire participer au bienfait ;

Et vu que l'abbé Duclaux n'est point membre de la famille de Timoléon , comte d'Espinay-Saint-Luc , des biens duquel il s'agit ; vu qu'il n'a d'autres titres que celui qu'il tient de la libéralité de la duchesse de Sully, qui n'a jamais été saisie desdits biens, et qui, par son décès antérieur à la loi du 5 décembre 1814, n'a pu lui transmettre, et ne lui a transmis sur eux aucun droit; vu enfin qu'il n'est le représentant ni l'ayant-cause d'aucune des personnes appelées par la loi à les recueillir;

La Cour, parties ouïes, etc., etc., etc.; — statuant sur l'action de l'abbé Duclaux, le déclare non recevable dans sa demande en revendication. — Et, etc. (1) —

N.º 2. ARRÊT

De la cour royale de Dijon, deuxième chambre,
du 12 avril 1821.

1° L'arrêt du 28 août 1817 a-t-il préjugé en faveur de la demande de l'appelant contre l'intimé ?

2° Le tribunal de Charolles a-t-il bien statué, en déchargeant l'intimé de l'obligation d'acquitter la dette qu'il avoit contractée envers l'appelant avant l'émigration du premier ?

Considérant, sur la première question, que l'arrêt du 28 août 1817 n'a rien prononcé qui préjuge la contestation agitée aujourd'hui entre les parties, contestation qui étoit restée pendante au tribunal de Charolles; qu'il ne s'étoit agi en appel que d'une surséance; que la Cour n'a été ni saisie du fond, ni dans le pouvoir d'y prononcer, puisqu'il n'avoit pas subi le premier degré de juridiction;

Considérant, sur la seconde question, que la loi du 28 mars 1793 a déclaré que les émigrés étoient bannis à perpétuité du territoire français, qu'ils étoient morts civilement, et que tous leurs biens étoient acquis à la république;

Que cette peine de mort civile, de bannissement perpétuel, de confiscation des biens, a assimilé les émigrés aux déportés chez les Romains et aux bannis à perpétuité du royaume : bannissement qui, d'après la jurisprudence admise, remplaçait parmi nous la déportation des Romains et en produisoit tous les effets;

(1) M. l'Abbé Duclaux s'étant pourvu en cassation contre cet arrêt, son pourvoi a été rejeté par la section des requêtes.

Que ces principes sont attestés par tous les jurisconsultes et par tous les publicistes, tels que *Voët, Chasseneux, Peregrinus, Hertius, le président Bouhier, Coquille,* et notamment par l'auteur du Répertoire de jurisprudence, dont l'opinion est d'autant plus importante, qu'il a concouru aux actes de la législation sur les émigrés ;

Que ce jurisconsulte, s'expliquant sur la matière (*question de droit,* verbo *Inscription hypothécaire*), dit, en parlant d'une personne émigrée, « qu'au moyen de ce que l'Etat de-
» vient l'héritier universel de tous ses droits tant actifs que
» passifs, ses créanciers n'ont plus d'actions contre elle ; c'est,
» ajoute-t-il, ce qui résulte d'une foule de lois romaines qui re-
» çoivent, comme on voit, une application directe et entière
» à l'émigré dont tous les biens ont été confisqués et mis sous la
» main du gouvernement. L'émigré est donc personnellement
» quitte envers ses créanciers, comme l'est envers les siens un
» condamné à une peine emportant la mort civile. »

Considérant qu'il y a d'autant moins de difficulté à le penser ainsi, qu'une loi spéciale du 1er floréal an 3 déclaroit les créanciers des émigrés, *créanciers directs* de la République, à l'exception seulement de ceux des émigrés en faillite ou notoirement insolvables, ce qui n'étoit d'ailleurs qu'une conséquence nécessaire du bannissement perpétuel, de la mort civile et de la confiscation générale de tous les biens des émigrés ;

Considérant que le sénatus-consulté du 6 floréal an 10, portant amnistie, ne contient aucune disposition qui soit en contradiction avec les lois anciennes, la jurisprudence française, on pourroit dire la jurisprudence universelle et les lois sur l'émigration : que la seule obligation imposée aux amnistiés est de ne pouvoir, en aucun cas, et sous aucun prétexte, attaquer les partages des successions, présuccessions, ou autres actes et arrangemens faits entre la République et les particuliers, avant la promulgation de cette loi ; qu'il suit de là qu'il a confirmé au regard des émigrés tous les effets de la mort civile pour le passé, et qu'il n'a rendu les émigrés à l'état civil que pour l'avenir ; que la décharge de l'obligation du débiteur émigré envers son créancier, antérieure à l'émigration, éteinte par la mort civile et par la confiscation générale de ses biens, a été maintenue ; que l'action personnelle n'a pu revivre contre lui, et que cette action de la part du créancier, s'il n'a pas encouru la déchéance par sa faute, ne peut s'exercer que contre le confiscataire ;

Considérant qu'il n'y a aucune raison de faire état dans la cause des dispositions législatives, relatives aux prorogations de délais des créanciers des condamnés, ou des inscrits mal à propos sur la liste des émigrés, à l'effet de prendre des inscriptions hypothécaires après les restitutions faites aux premiers, et la radiation des seconds ; que la réintégration des premiers ou de leurs héritiers, et la radiation des seconds, à titre de justice, faisant revivre tous les droits de leurs créanciers sur les débiteurs rétablis dans tous leurs biens, il étoit de toute nécessité que ces créanciers fussent admis à des mesures conservatoires coordonnées avec le nouveau régime hypothécaire introduit pendant le séquestrat ;

Que c'est encore vainement que l'appelant a voulu tirer avantage des dispositions du décret du 3 floréal an 11 ; que ce seroit déjà une grande question que celle de savoir si un acte de cette nature pourroit, dans l'état de notre législation, porter atteinte aux lois générales et au droit commun de la France ; que si on avoit à discuter dans l'espèce de la cause, les dispositions de ce décret, il ne seroit pas impossible d'établir qu'elles ne sont applicables qu'aux créanciers des successions remises ou restituées aux émigrés rayés ou amnistiés, en vertu de l'article 2 du même décret ; que cette opinion auroit d'autant plus de poids qu'elle paroît être celle de l'ancien secrétaire-général du conseil d'Etat, qui a dû connoître mieux que personne l'esprit de ce décret ;

Mais que toute discussion sur ce point devient superflue, puisqu'il est constant que cet arrêté n'est pas obligatoire pour les tribunaux auxquels il n'a jamais été adressé ; qu'il n'est pas porté au Bulletin des lois ; que l'art. 12 de la loi du 8 vendémiaire an 4, et l'avis du conseil d'État, du 12 prairial an 13,

(80)

qui subsistent encore dans toute leur vigueur, portent que les
actes du gouvernement ne sont obligatoires qu'autant qu'ils
ont été adressés aux tribunaux et publiés;

Que cette doctrine est spécialement professée par l'auteur
du *Répertoire de jurisprudence*, dans son réquisitoire à la cour
de cassation, du mois d'août 1811, rapporté au mot *Émigration*, tome XV, § 19;

Que cet auteur va beaucoup plus loin; que raisonnant dans
l'hypothèse même où cet acte, qui ne contient que des mesures
d'ordre pour l'administration, seroit devenu obligatoire pour
les tribunaux, et revêtu des formalités qui lui manquent, cet
arrêté ne porteroit aucune atteinte aux dispositions des lois
romaines et de la jurisprudence française, dans le sens de la restitution d'une partie des biens;

Considérant qu'il est inutile au surplus, dans l'espèce de la
cause, de s'engager dans cette question et de décider si les
biens invendus des émigrés ont été rendus à titre de grâce ou
de justice; s'il y a une distinction à faire entre les émigrés
rentrés par l'effet du sénatus-consulte de l'an 10, ou par suite de
la restauration; qu'il est constant en effet, dans la cause, que la
dette contractée par Mallard envers Picard avoit précédé
l'émigration du premier; que les biens meubles et immeubles
de celui-ci ont été vendus en totalité, par suite de la confiscation prononcée contre les émigrés; que ces biens étoient plus
que suffisans pour acquitter les dettes contractées par l'intimé
avant qu'il eût quitté le territoire français; que la créance de
l'appelant avoit une date certaine avant l'émigration de Mallard; qu'il a dépendu de ce créancier d'obtenir son paiement;
que l'administration avoit admis ses réclamations; qu'elle
l'avoit même renvoyé près la liquidation générale des dettes
des émigrés, d'après les règles introduites; que si Picard n'a
pas été payé, c'est parce qu'il ne l'a pas voulu; qu'il s'est exposé à la déchéance, pour n'avoir pas suivi sa demande, et
pour ne s'être pas conformé au décret du 25 février 1808; qu'il
a été surabondamment mis en demeure par un préparatoire du
tribunal de Charolles, pour établir la prétendue insolvabilité

de Mallard, à l'époque de son émigration, insolvabilité allé-
guée dans le principe et abandonnée depuis;

Qu'il suit de là que le tribunal de première instance a fait,
par sa décision, une juste application des principes;

Par ces motifs,

La Cour, sans s'arrêter à l'appellation interjetée par Mi-
chel-Léon Picard, des jugemens rendus en la cause par le
tribunal civil de Charolles, les 28 janvier et 28 avril 1820, a
mis et met ladite appellation à néant;

Ordonne que ce dont est appel sortira son plein et entier effet;

Condamne l'appelant en l'amende de 10 fr. et aux dépens
de la cause d'appel.

ARRÊT

De la même cour, première chambre, du 14 avril 1821.

La cause ainsi discutée a présenté les questions suivantes à
résoudre :

1.° Les émigrés rendus à la vie civile par l'ordonnance
royale du 21 août 1814, sont-ils personnellement passibles des
dettes par eux contractées avant leur émigration?

2.° Les mêmes émigrés rentrés en vertu de l'ordonnance de
1814, et à qui il a été rendu des biens par suite de la loi du
5 décembre 1814, sont-ils tenus au paiement de ces mêmes
dettes, comme détenteurs des biens précédemment hypothé-
qués à ces dettes?

Vu les lois des 28 mars 1793, art. 1.er; 25 juillet 1793, art. 13;
1.er floréal an 3, art. 1.er; 24 frimaire an 6, art. 34 et suivans; le
sénatus-consulte du 6 floréal de l'an 10, l'arrêté du gouvernement du 3 floréal an 11, le décret du 25 février 1808, sur la
liquidation de la dette publique; l'ordonnance royale du 21
août 1814, et enfin la loi du 5 décembre 1814;

Sur la première question,

Considérant que, par la loi du 28 mars 1793, les émigrés

ont été déclarés morts civilement et leurs biens confisqués au profit de l'État; que les lois postérieures, et notamment le décret du 28 vendemiaire an 9, qui en a éliminé un grand nombre; le sénatus-consulte du 6 floréal an 10, qui a amnistié tous ceux qui rentreroient sur le territoire français et sous certaines conditions, et enfin l'ordonnance du 21 août 1814, qui a définitivement aboli toutes les inscriptions sur la liste des émigrés, n'ont détruit les effets de la mort civile encourue par les émigrés que pour l'avenir et du jour où ces différentes lois ont été rendues; d'où suit la conséquence que la mort civile ayant réellement existé dans le temps intermédiaire entre l'inscription et la radiation, il faut rechercher quels ont été ses effets vis-à-vis des émigrés : or il est de principe que la succession des morts civilement est ouverte, et que si elle n'eût pas été frappée de confiscation, leurs héritiers naturels l'eussent recueillie comme s'ils étoient morts naturellement; et comme il est constant que les héritiers naturels, en appréhendant la succession, eussent été tenus de toutes les charges, il s'ensuit que l'État qui par la confiscation s'est mis à leur place, est de même tenu de toutes ces charges. D'ailleurs, tous les jurisconsultes qui ont écrit sur la matière, d'accord en cela avec les lois romaines, décident que la mort civile, suivie de confiscation de biens, libère entièrement celui qui l'a encourue des dettes par lui contractées antérieurement, et que ses créanciers n'ont de recours que contre le confiscataire; et cet avis est aussi celui de l'auteur du *Répertoire de jurisprudence*, ainsi qu'il l'a établi par une foule de citations en son 15e volume, au mot *Émigration*, et en ses questions de droit, au mot *Inscription hypothécaire*, dans l'affaire du sieur de Crollebois;

Considérant que cette doctrine est encore d'accord avec les lois qui régissent plus spécialement la matière : en effet, la loi du 25 juillet 1793 déchargeoit les biens des émigrés de toutes les dettes et hypothèques qui les grevoient, et celle du 1er floréal an 3 déclaroit les créanciers des émigrés *créanciers directs de l'État*, et leur ordonnoit de produire leurs titres

dans un certain délai, pour être liquidés ; dès lors il y a eu, par
la volonté irrésistible du législateur, novation dans la créance ;
et quand même la mort civile n'auroit pas déchargé de ses
dettes celui qui l'avoit encourue, l'émigré en auroit été déchargé par l'effet de la loi du 1er floréal an 3, puisqu'elle don-
noit positivement un nouveau débiteur au créancier de l'émigré, puisqu'elle éteignoit toutes les actions personnelles ou
réelles relativement aux émigrés ; qu'elle défendoit aux créanciers de poursuivre devant les tribunaux celles commencées,
ou d'en intenter de nouvelles. Fut-il jamais novation plus for-
melle et plus clairement exprimée ?

Considérant que l'art. 12 de l'arrêté du 3 floréal an 11, en
admettant *les créanciers des émigrés rayés, éliminés ou amnis-*
tiés, à demander leur liquidation, s'ils prétendent que leurs
débiteurs n'ont reçu aucune restitution de biens, ou qu'ils n'en
possèdent pas de suffisans pour les payer, a implicitement
décidé que toute action personnelle étoit éteinte contre ces
émigrés ; car si elle fût restée à ses créanciers contre leurs
anciens débiteurs, comme ceux-ci pouvoient revenir à meil-
leure fortune et être en état de payer leurs dettes, l'État ne se
seroit pas obligé à liquider les créanciers ;

Considérant que la loi du 5 décembre 1814, en rendant aux
émigrés leurs anciennes propriétés non aliénées par le fisc, a,
par son art. 1er, maintenu de plus fort toutes les lois et tous les
actes du gouvernement relatifs à l'émigration ; d'où suit la
conséquence que les anciens créanciers des émigrés, devenus
créanciers du fisc par la loi du 1er floréal an 3, sont restés tels
et ne sont pas devenus créanciers des émigrés, ainsi que l'établit tout aussi doctement M. Merlin dans la même affaire
Crollebois ; d'où suit encore la conséquence qu'ils n'ont aucune
action personnelle contre ces émigrés, et qu'ils ne peuvent
s'adresser qu'au fisc, si toutefois, par l'effet de quelques lois ,
ils n'ont pas encouru la déchéance, qui, étant une espèce de
prescription, leur enlève définitivement tout droit.

Sur la seconde question,

Considérant que les émigrés rendus à la vie civile par l'effet

de l'ordonnance du 21 août 1814, ne peuvent, comme détenteurs de leurs anciennes propriétés, être tenus d'acquitter les
dettes par eux contractées avant leur mort civile, qu'autant
que l'État, confiscataire, y auroit lui-même été tenu à cette
époque, et qu'autant qu'en leur remettant, par la loi du 5
décembre 1814, les biens invendus qui leur avoient autrefois
appartenu, le législateur leur auroit imposé l'obligation d'acquitter les dettes qu'elles avoient autrefois grevés;

Considérant qu'à l'époque du 21 août 1814, l'État n'étoit
plus obligé au paiement des dettes des émigrés; et en effet, si
l'État, comme confiscataire, étoit, à l'époque des confiscations,
naturellement tenu de ces dettes, s'il en étoit tenu en vertu
des lois sur l'émigration, et notamment en vertu de celle du 1er
floréal an 3, qui avoit déclaré les créanciers des émigrés créanciers directs de l'État, cette obligation avoit par lui été soumise à l'accomplissement de quelques obligations dont le défaut
devoit opérer sa libération; ces obligations étoient la remise
des titres de créances; afin que, soumis à une commission de
liquidation, ils fussent par elle vérifiés pour être ensuite payés,
et ce sous peine de déchéance, si, dans un délai déterminé,
cette production n'étoit pas faite : délai d'abord fixé à un terme
très-court, ensuite prorogé et enfin fixé définitivement par le
décret du 25 février 1808, au 1er janvier 1810, jour auquel la
commission de liquidation étoit dissoute, et les créanciers qui ne
s'étoient pas fait liquider définitivement déchus de leur créance;

Considérant dès lors que l'État n'a plus été tenu à aucune
des dettes des émigrés, dès lors ceux des biens qui leur avoient
appartenu étoient entièrement libres entre ses mains; dès lors,
en les donnant aux émigrés, il leur en a fait remise dans le
même état où il les possédoit lui-même; et l'État étant libéré,
les émigrés qu'il a mis en son lieu et place le sont comme lui;

Considérant que vainement prétend-on tirer quelque argu-
ment du sénatus-consulte du 6 floréal an 10, ou plutôt de l'arrêté du gouvernement du 3 floréal an 11, et de la jurisprudence admise par quelques cours et par celle de Cassation, à
l'époque de ce sénatus-consulte et de cet arrêté, les créanciers

des émigrés avoient l'intégrité de leurs droits; l'État étoit leur débiteur, et le législateur pouvoit certainement, en amnistiant les émigrés, leur imposer l'obligation d'acquitter tout ou partie de leurs dettes. La jurisprudence des arrêts étoit donc fondée en droit alors; c'est ce qui est savamment établi par M. Merlin, dans le quinzième volume de son *Répertoire*, au mot *Émigration;* mais ce qui étoit légal alors ne le seroit plus: l'État, en 1814, n'étoit plus obligé envers les créanciers, et les émigrés, qui sont à ses droits, ne sont pas plus obligés que lui.

Tout aussi vainement exciperoit-on de l'art. 14 de la loi du 5 décembre 1814. D'abord cet article n'est attributif ni même récognitif d'aucun droit; il ne fait que suspendre les actions de ceux qui pourroient avoir des droits. Ainsi, sous ce rapport, on pourroit dire qu'il ne préjuge rien; mais, comme cette loi, toute politique, toute de grâce et de faveur, faisoit remise à tous les inscrits quelconques sur les listes des émigrés, de la totalité des biens encore dans les mains du fisc, ne faisoit aucune distinction des émigrés injustement mis sur la liste et rayés sur la production de certificats de résidence, d'émigrés éliminés, amnistiés, ou enfin de ceux rendus à la vie civile par l'ordonnance du 21 avril 1814, il résulte de ce qui vient d'être dit plus haut, que ces divers émigrés étant dans des catégories différentes, les créanciers des uns pouvoient avoir quelques droits à exercer pendant que les créanciers des derniers définitivement déchus n'en avoient plus aucun.

Enfin, nous avons dit qu'il faudroit qu'en leur faisant remise de ces biens invendus, le législateur leur eût imposé l'obligation d'acquitter les dettes qui les avoient autrefois grevés. Mais loin qu'on puisse voir dans la loi rien d'où l'on puisse induire, même indirectement, cette obligation, tout, au contraire, y répugne; car l'art. 1er, *en maintenant, soit envers l'État, soit envers les tiers, toutes décisions, tous les actes passés, tous droits acquis avant la publication de la Charte, et qui seroient fondés sur des lois ou actes du gouvernement relatifs à l'émigration,* a évidemment maintenu de plus fort le décret du 25 février 1808, qui déclaroit les créanciers déchus, et dès lors le législateur n'a pu avoir l'intention d'obliger les émigrés rendus à la vie civile par l'ordonnance du 21 août 1814, à payer des dettes qui n'existoient plus : pour le faire, il faudroit qu'il eût d'abord révoqué le décret du 25 février 1808, et autres lois qui ont libéré l'État; qu'il eût relevé de la déchéance ceux des créanciers qui l'avoient encourue, et ensuite qu'il eût nominativement chargé les émigrés de désintéresser ces créanciers, ce qui seroit contradictoire avec l'art. 1er de cette loi : loin de là, tout son ensemble montre que le législateur a fait et voulu faire une remise de grâce, une pure libéralité sans aucune condition, un acte de munificence avec des biens libres de toutes charges qui lui appartenoient légalement, et dont il pouvoit disposer comme il le vouloit; c'est d'ailleurs ainsi que la cour de cassation a interprété cette loi, par son arrêt de 1819, dans l'affaire Duclaux.

Concluons donc de tout ce que dessus, que les émigrés rendus à la vie civile par l'ordonnance du 21 août 1814 ne sont tenus, ni *personnellement*, ni comme détenteurs des biens dont ils avoient été autrefois propriétaires, d'acquitter les dettes dont ils étoient grevés avant leur mort civile.

Par ces motifs,

La cour, sans s'arrêter à l'appellation interjetée par J.-M. Clermont de Montoison, veuve du marquis de la Guiche, du jugement rendu en la cause par le tribunal de première instance de Dijon, le 30 août 1820, met icelle à néant.

Faisant droit sur l'appellation interjetée par Louis-Philibert-Joseph Joly de Bévy, dudit jugement, met ladite appellation, et ce dont est appel, à néant.

Et, par nouveau jugement, renvoie Joly de Bévy des demandes, fins et conclusions de la marquise de la Guiche, et condamne celle-ci aux dépens des causes principales et d'appel, ainsi qu'en l'amende de 10 francs.

Ordonne la restitution de l'amende consignée sur l'appellation du sieur de Bévy (1).

(1) La question a été jugée dans le même sens par un jugement du tribunal de première instance de Toulouse, du 4 juin 1822, rendu entre M. le duc d'Esclignac et les héritiers de Benoît. Il n'y a pas eu appel de ce jugement. (*Note de l'Éditeur.*)

N.º 3.   **ARRÊT**

De la cour royale de Paris, première chambre, du 23 juillet 1821, dans l'affaire des héritiers de Castries, contre les héritiers du prince de Rohan.

Considérant que l'ordonnance du Roi du 21 août 1814, relative aux personnes, la loi du 5 décembre, relative aux biens non vendus, ont eu pour effet nécessaire, en dessaisissant le fisc, de rétablir les rapports primitifs qui existoient entre les débiteurs et leurs créanciers (1); que l'article 1er de la loi ne dispose que dans l'intérêt des tiers-acquéreurs, pour la garantie des ventes consommées et la perpétuité de l'affranchissement de toutes hypothèques; qu'à l'égard des biens *non vendus*, et qu'elle remet, la loi, par le sursis imposé seulement aux créanciers, exprime que la réintégration du débiteur dans ses biens comprend, par une conséquence invincible du droit, la réintégrande des créanciers dans toutes actions personnelles et réelles (2); que toute la législation intermédiaire a proclamé que la mort civile, les déchéances, le principe de la confusion, n'étoient que dans l'intérêt exclusif du fisc et des tiers, parmi lesquels, ni les émigrés, ni leurs créanciers ne peuvent être placés (3);

(1) Ne pourrait-on pas soutenir que l'arrêt fait ici une pétition de principe, et que c'était précisément la question que le procès présentait à décider ?   (*Note de l'Editeur.*)

(2) Ne pourrait-on pas repondre à ce motif, avec la cour de Dijon, que ce sursis n'est attributif ni même récognitif d'aucun droit, qu'il ne fait que suspendre les actions de ceux *qui pourraient* avoir des droits; et que ne faisant revivre aucun droit qui avait cessé d'exister à l'époque de la loi, ne relevant les créanciers des émigrés d'aucune déchéance, qui aurait pu être acquise contre eux, ce sursis n'a pas conféré des *droits* au créancier qui n'en avait pas ou qui les avait perdus?   (*Note de l'Editeur.*)

(3) Il reste à prouver la *légalité* de ce que l'arrêt appelle la *législation intermédiaire*, qui au fond ne se compose que des actes émanés du chef du dernier gouvernement et qui ne sont pas revêtus de formes auxquelles les

Sans s'arrêter aux fins de non-recevoir proposées par les appelans, a mis et met l'appellation au néant; ordonne que ce dont est appel sortira son plein et entier effet; condamne les appelans à l'amende et aux dépens des causes d'appel, etc.

N° 4. JUGEMENT

Du tribunal de première instance de la Seine, du 3 avril 1816, confirmé par arrêt de la cour royale de Paris, première chambre, du 29 juillet suivant, en adoptant les motifs des premiers juges, dans l'affaire de M. le marquis d'Espinay-de-Saint-Luc, contre M. l'abbé Duclaux.

ATTENDU que, par la loi du 5 décembre 1814, les biens immeubles séquestrés ou confisqués pour cause d'émigration, et qui se trouvent dans le domaine de l'État, sont rendus à ceux qui en étoient propriétaires, à leurs héritiers ou ayans-cause;

Attendu que cette remise, quant aux biens existans encore en nature dans le domaine public, opère une véritable restitution en entier en faveur des anciens propriétaires, et efface à leur égard et dans les termes de la remise toute trace d'émigration, de séquestre ou de confiscation; que dès lors lesdits biens sont censés n'être pas sortis des mains desdits anciens propriétaires, qui les ont transmis à leurs héritiers ou ayans-cause;

Attendu que le marquis d'Espinay de Lignery, propriétaire originaire des bois dont il s'agit, étant décédé en l'année 1799, a laissé pour héritière madame la duchesse de Sully, qui, après avoir accepté sa succession sous bénéfice d'inventaire, a institué le sieur abbé *Duclaux* son légataire universel:

actes de la législation étaient alors soumis pour être obligatoires; et il faut ensuite décider si cette législation est applicable aux biens rendus en vertu d'une loi postérieure dont le premier article maintient expressément la déchéance prononcée contre les créanciers des émigrés devenus les créanciers de l'Etat. (*Note de l'Editeur.*)

Attendu que ce dernier, en cette qualité, est le représentant à titre universel et l'ayant-cause, non-seulement de madame la duchesse de Sully, mais encore du marquis de Lignery,
dont la succession bénéficiaire est tout entière confondue dans
son legs;

Attendu que, pour admettre la prétention du comte d'Espinay de Saint-Luc, il faudroit supposer qu'à deux époques
diverses éloignées l'une de l'autre, il se seroit ouvert, au profit
de deux personnes différentes, deux successions du même individu, l'une au moment de son décès, l'autre au jour de la promulgation et par la force de la loi du 5 décembre 1814, ce qui
contrarieroit diamétralement tous les principes reçus en matière de transmission, d'hérédité et renfermés dans cette
maxime vulgaire du droit français, *le mort saisit le vif.*

En conséquence, le tribunal envoie Antoine Duclaux, légataire universel de la dame veuve Béthune de Sully, en pleine
propriété, possession et jouissance des bois situés dans le département de la Seine-Inférieure, et de celui dit le Croquet
situé dans le département de l'Oise; condamne d'Espinay de
Saint-Luc à lui délaisser, dans la huitaine de la signification du
présent jugement, la possession et jouissance desdits biens; à
lui rendre compte des fruits et revenus qu'il auroit pu percevoir en vertu de l'arrêté de la commission qui lui en a attribué
l'administration provisoire, etc.

N° 5.   JUGEMENT

*Du tribunal de première instance de la Seine, du 15
juillet 1820, dans l'affaire des héritiers de* Barbançon, *contre les héritiers de l'abbé* Malafosse, *confirmé par arrêt de la cour royale de Paris, deuxième
chambre, du 28 mai 1821, en adoptant les motifs
des premiers juges.*

Attendu que les biens dont il s'agit ayant été exceptés des
biens rendus à l'hérédité de M. le comte de Barbançon, et étant

restés dans le domaine de l'Etat, n'ont pu faire partie de sa succession, ni réellement, ni fictivement ; que la dame abbesse de Barbançon n'a pu les recueillir ; qu'elle ne les a pas transmis à l'abbé Malafosse par le legs qu'elle lui a fait, n'ayant pu disposer de la chose d'autrui, ni celui-ci à ses héritiers ;

Attendu que la loi du 5 décembre 1814, prenant les choses dans l'état où elles étoient, a fait cesser, non pour le passé, mais pour l'avenir seulement, l'effet de la confiscation encore existante au moment de sa promulgation ; que, conservant les droits acquis à des tiers, ceux des émigrés rayés ou non rayés, et les intérêts de l'État, elle a ordonné que les biens non aliénés seroient rendus en nature aux propriétaires, ou à leurs représentans ou ayans-cause, sans s'exprimer sur les indemnités qui auroient pu être promises antérieurement ;

Que cette disposition *est une véritable libéralité* ; que M. le comte de Barbançon et la dame abbesse de Barbançon, son héritière, étant décédés long-temps avant la loi, ceux-là seuls ont aujourd'hui capacité pour la recueillir qui, au défaut de la dame abbesse de Barbançon, auroient été plus proches héritiers de M. le comte de Barbançon au moment de son décès ;

Que les héritiers du Tillet et consorts, pris collectivement, et abstraction faite des droits résultans entre eux, les uns à l'égard des autres, de la plus grande proximité de degré, réunissent seuls ces deux conditions ; qu'ainsi, c'est à leur profit que doit être effectuée la remise ordonnée par la loi du 5 décembre 1814.

 ÉDIT ROYAL,

Par lequel SA MAJESTÉ assigne une rente annuelle et perpétuelle de quatre cent mille livres nouvelles, sur les finances royales, en faveur de ceux de ses sujets du duché de Savoie et du comté de Nice qui, par suite des lois sur l'émigration mises en vigueur dans les mêmes duché de Savoie et comté de Nice, ont perdu tout ou partie de leur fortune; et donne plusieurs autres dispositions relatives à ce même objet.

En date du 22 septembre 1818.

VICTOR-EMMANUEL, par la grâce de Dieu, Roi de Sardaigne, de Chypre et de Jérusalem, Duc de Savoie et de Gênes, Prince du Piémont, etc., etc.

Dès les premiers momens de notre retour dans nos États, nous aurions voulu accorder une équitable indemnité à ceux de nos bien-aimés sujets du duché de Savoie et du comté de Nice qui, par la perte de leur fortune, et par toutes les souffrances d'un injuste exil, ont donné un si noble exemple de leur dévouement à leur souverain, et de leur attachement aux lois de l'honneur et du devoir.

Si, à cette époque, le besoin de rendre la paix à l'Europe, et la crainte de ne réparer des maux que par d'autres maux, nous ont déterminé, d'accord avec nos puissans alliés, à empêcher, de la part de ces anciens propriétaires, toutes poursuites contre les acquéreurs de leurs biens, notre cœur paternel n'a été que plus vivement ému de l'état de privation où ils ont été réduits, soit pour avoir suivi fidèlement leurs drapeaux, où étoit leur véritable domicile, soit uniquement pour s'être réfugiés, dans leurs malheurs, sous l'égide du trône de leurs pères, tandis qu'aucune partie de nos États ne pouvoit être pour ces bons et fidèles sujets une terre étrangère.

Nous étions d'autant plus disposé de venir à leur secours, que cette mesure ne peut que rappeler à nos peuples cette fidélité et cette antique et religieuse probité qui furent de tout temps l'apanage de nos ancêtres et des leurs.

Il est juste aussi que le souvenir de cet acte mémorable de notre bienveillance royale se transmette, et rappelle à la postérité que les maximes tutélaires qui assurent la stabilité de l'ordre légitime assurent également la conservation du patrimoines des familles, et les garantissent des tristes effets de cette insatiable cupidité qui accompagne nécessairement et rend si funestes toutes les convulsions politiques.

Pour satisfaire aux sentimens de notre juste affection envers une classe de sujets si intéressante et si zélée, autant que nous le permet l'état de nos finances, nous avons déterminé de leur accorder, à titre d'indemnité, une rente de quatre cent mille livres, représentant, à un sixième près, suivant les aperçus mis sous nos yeux, le revenu en fonds et capitaux par eux perdus dans cette époque de malheurs, dont il importe d'effacer les traces; et nous ne doutons pas que tous nos sujets ne voient dans cet acte de juste libéralité, et dans les différentes dispositions qu'il renferme, le sentiment qui nous porte à rétablir entre eux cet esprit de famille et cette union loyale et constante qui ont formé pour une longue suite de siècles le bonheur de nos peuples sous le gouvernement paternel de nos augustes prédécesseurs.

A ces causes, par le présent, de notre certaine science et autorité royale, et sur ce l'avis de notre conseil, avons déclaré et ordonné, déclarons et ordonnons :

ARTICLE Ier.

Nous assignons une rente annuelle et perpétuelle de quatre

cent mille livres nouvelles sur nos finances, en faveur de ceux de nos sujets qui, par suite des lois sur l'émigration mises en vigueur dans le duché de Savoie et le comté de Nice, ont perdu tout ou partie de leur fortune ; cette rente, qui courra dès le 1er janvier 1819, sera distribuée entre eux ou à leur famille, comme il sera dit ci-après.

Art. II.

Les père et mère, ou autres ascendans des personnes inscrites sur lesdites listes des émigrés, dans nos duchés de Savoie et Nice, qui ont souffert un partage de présuccession, participeront à l'indemnité portée par l'art. 1er.

Art. III.

Si les personnes indiquées aux articles précédens sont décédées, l'indemnité appartiendra à leurs parens régnicoles jusqu'au degré de cousin-germain inclusivement, d'abord suivant les dispositions testamentaires desdites personnes, s'il y en a, et à défaut, dans l'ordre de succession légitime établi par nos lois.

Les héritiers des héritiers n'auront aucun droit à notre libéralité, s'ils ne sont parens au degré ci-dessus des anciens propriétaires (1).

Art. IV.

Les enfans dont l'absence aura donné lieu au partage de présuccession, recevront toute l'indemnité accordée à cet égard à leur père et mère, ou autres ascendans, s'ils justifient que, dans les partages faits avec leurs co-héritiers, ils ont tenu compte à ceux-ci de ce dont leurs dits père et mère ou autres ascendans, auraient été privés par suite du partage de présuccession.

(1) Cette disposition de l'édit pourrait faire considérer l'indemnité accordée aux anciens propriétaires comme une libéralité, et non comme un droit, car le droit serait acquis incontestablement aux héritiers des héritiers des anciens propriétaires, pourvu qu'ils fussent dans le degré successible. (*Note de l'Editeur.*)

ART. V.

Les veuves des anciens propriétaires pourront, si elles sont dans le besoin, obtenir, sur l'indemnité revenant aux représentans de leurs maris, une jouissance, ou séparément, ou en concours avec eux, suivant les circonstances et le montant de l'indemnité.

Les veuves d'anciens propriétaires dont il ne reste aucun parent au degré prévu par l'art. 3, pourront obtenir une portion de la rente en propriété, qui ne pourra jamais excéder la moitié de l'indemnité revenant à leurs maris.

ART. VI.

Nous établissons, dans chacune de nos villes de Chambéri et de Nice, une commission chargée de liquider le montant des pertes réelles de chacune des personnes désignées aux art. 1 et 2.

Elle sera composée pour la Savoie : du

Marquis Busca, *premier président du sénat de Savoie;*

Comte Somis, *avocat fiscal général;*

Comte Tornielli, *intendant général du Duché;*

Roze, *sénateur;*

Bain, *sénateur.*

Pour le comté de Nice : du

Chevalier Cambiaso, *président, chef du sénat;*

Comte Spitalieri, *sénateur;*

Fascio, *sénateur;*

Chevalier Bassi, *sénateur;*

Melizzano, *substitut-avocat fiscal général.*

Les membres de chacune de ces commissions pourront délibérer au nombre de trois.

ART. VII.

Nous établissons dans notre ville capitale une délégation centrale chargée d'arrêter définitivement le montant desdites pertes, et de fixer, sous notre approbation, l'indemnité à accorder sur ladite rente, à raison desdites pertes.

Cette délégation sera composée du

Comte VIDUA, *notre ministre d'Etat;*

Comte SERRA, *président, chef du conseil de commerce;*

Chevalier GIORDANO, *conseiller au conseil des finances;*

PIACENZA, *collatéral;*

FALQUET, *sénateur;*

Comte GAY, *maître auditeur en la chambre des comptes;*

QUARANTA, *substitut-avocat général.*

Les membres de la délégation pourront délibérer au nombre de cinq.

L'avocat général au sénat du Piémont, et le procureur général à la chambre des comptes, interviendront aux séances de la délégation, toutes les fois qu'ils le jugeront convenable dans l'intérêt de leur ministère.

ART. VIII.

Dans les trois mois de la publication du présent, les personnes appelées à notre libéralité d'après les articles précédens remettront à l'intendance de leurs domiciles leurs déclarations détaillées, énonçant les pertes par elles éprouvées, les biens qu'elles auraient recouvrés, et tous autres faits qui seront indiqués dans les instructions que donnera, d'après nos ordres, la délégation centrale, laquelle fera de même connaître les personnes qui pourront faire lesdites déclarations dans l'intérêt des absens, des administrés, ou des divers co-intéressés.

ART. IX.

Ces déclarations seront assermentées et accompagnées des pièces à l'appui, notamment de celles justificatives des qualités des déclarans et des extraits de cadastres, baux et contrats propres à constater la valeur des biens dont lesdites personnes ont été privées : ces déclarations resteront déposées pendant un mois au bureau de l'intendance, où toute autre personne intéressée, comme ayant droit à l'indemnité, pourra en prendre connaissance et faire toutes les observations qu'elle jugera convenables.

Art. X.

Les intendans enverront les déclarations, observations et pièces à l'appui à la commission; ils pourront y joindre leurs observations particulières.

Art. XI.

La commission examinera les déclarations au fur et à mesure qu'elles lui parviendront. A défaut de bases certaines pour constater la valeur des biens, elle chargera le juge de prendre des informations sommaires et assermentées des syndics, conseillers et cultivateurs notables du lieu de la situation, et des gens de l'art, s'il s'agit des bâtimens : ces informations seront prises par le juge, sur-le-champ, et sans frais.

Art. XII.

La commission pourra faire compulser tous les registres des anciennes administrations et des bureaux d'hypothèques, de ceux des intendances, et, en général, tous titres et papiers judiciaires et administratifs, propres à lui faire connaître les pertes éprouvées par chaque déclarant ou ses auteurs, et les compensations qui diminuent ces pertes.

Art. XIII.

Après s'être entourée de tous les moyens propres à apprécier les déclarations, elle liquidera la somme à laquelle arrivent les pertes réelles en fonds et capitaux, faites par les personnes désignées aux art. 1 et 2, sous déduction des dettes dont elles ont été libérées par confusion ou par l'inscription sur la dette publique de France, ainsi que des sommes par elles reçues ou à elles promises pour ratifier les ventes ou quittances faites à leur préjudice.

Art. XIV.

La commission adressera successivement les déclarations et pièces à l'appui, avec son arrêté de liquidation, à la délégation centrale ; en joignant son avis sur le montant de l'indemnité, avec désignation des personnes qui doivent la recueillir, ainsi que sur la jouissance qu'il y auroit lieu d'accorder au profit des veuves des anciens propriétaires, aux termes de l'art. 5.

Art. XV.

La délégation centrale pourra demander aux commissions, intendans, juges et autres fonctionnaires, tous renseignemens supplémentaires qu'elle désireroit.

Elle arrêtera définitivement le montant des pertes réelles de chacune des personnes désignées aux art. 1 et 2.

Art. XVI.

La délégation centrale arrêtera ensuite, sous notre approbation, la part à laquelle chacune des personnes désignées aux art. 1 et 2 aura droit sur la rente fixée par ledit art. 1er, et immédiatement après elle délivrera un brevet à compte d'indemnité, d'après les bases suivantes.

Les premières 25,000 liv. nouvelles de pertes ne seront sujettes à aucune réduction.

Les 25,000 liv. suivantes seront sujettes à la réduction d'un quart.

Les 50,000 liv. venant après ces deux premières quotités seront réduites d'un tiers.

Toutes sommes en sus des premières 100,000 liv. de pertes, sera réduite de moitié : et, attendu que la rente est fixée au 5 pour cent, et que le revenu des biens patrimoniaux, net de toutes contributions, ne peut s'évaluer qu'au 4 pour cent, l'inscription au livre de la dette publique sera réglée de manière que chaque mille livres portées au brevet d'indemnité ne soient inscrites que pour huit cents, c'est-à-dire pour une rente de quarante livres (1).

(1) Cette disposition, de même que celle de l'article 3, donne à l'édit le caractère d'une loi de grâce, d'une libéralité, lorsque l'intérêt du droit de propriété demandoit que l'indemnité eût tous les caractères d'une loi de justice rigoureuse. (*Note de l'Editeur.*)

7

Les brevets indiqueront les personnes qui auront droit à ladite indemnité, d'après les dispositions du présent.

En cas de contestations entre divers prétendans, il y sera statué sommairement et sans frais par la délégation centrale, qui prendra même nos ordres à cet égard, dans les cas qui lui paroîtront vraiment douteux.

Art. XVII.

Les brevets à compte étant tous délivrés, le surplus de la rente sera réparti par la délégation centrale, en faveur de ceux qui auront souffert une réduction au marc la livre, des sommes accordées par le brevet, à compte d'indemnité.

Art. XVIII.

Le résultat de tout le travail de la délégation sera soumis à notre approbation, après laquelle les brevets définitifs seront délivrés.

Notre approbation des arrêtés de la délégation centrale, ainsi que tous nos ordres dans les cas prévus par le présent édit, seront transmis à ladite délégation par l'intermédiaire de notre premier secrétaire d'État pour les affaires internes.

Art. XIX.

Les droits des créanciers pour titres antérieurs au 21 mai 1814, sur la rente accordée à leur débiteur, tant qu'elle reste entre ses mains, sont réglées comme suit :

1º Les créanciers ne pourront saisir la rente que pour le capital de leurs créances, réduit d'abord d'un cinquième, à l'instar du capital de ladite rente.

2º Les créanciers ne pourront attaquer la rente de mille livres accordées en indemnité intégrale, qu'après avoir épuisé l'indemnité excédant cette première quantité, et ils devront subir, sur leur créance, la même réduction qu'aura subie le débiteur sur ledit excédant.

3º Lorsque cet excédant ne suffira pas pour payer tous les

capitaux ainsi réduits, les créanciers pourront, pour le restant de leurs créances, saisir ladite rente d'indemnité intégrale.

Mais, dans ce cas, toute indemnité sera insaisissable jusqu'à concurrence de 5oo liv. de rente.

4° Si les créances excèdent le montant des sommes saisissables, les créanciers supporteront entre eux la perte au marc la livre, sans préférence ni privilège en faveur d'aucun.

5° Les dispositions du présent article n'empêchent point ces créanciers d'exercer leurs actions intégrales sur les autres biens de leurs débiteurs.

Les saisies, dont il est parlé ci-dessus, devront être faites en conformité des dispositions de nos lois concernant la dette publique.

A cet effet, les créanciers devront justifier de leurs titres, soit à la commission, soit à la délégation centrale, avant la délivrance des brevets d'indemnité, pour que cette délivrance n'ait lieu qu'à la charge de leur opposition (1).

Art. XX.

Les détenteurs des biens aliénés au préjudice des personnes désignées aux art. 1 et 2, qui, pour effacer tout souvenir des

(1) Il semble que l'édit n'aurait dû prononcer que sur les créanciers dont le titre était antérieur à la confiscation des biens, et que les dispositions de l'édit relatives aux créanciers auraient dû être restreintes aux créances de cette espèce; car les dettes contractées par le débiteur, postérieurement à la confiscation qu'il a subie de l'universalité de ses biens, rentrent dans le droit commun, suivant lequel tous les biens du débiteur sont affectés au paiement de ses dettes.

Nous pensons aussi que les dispositions de l'article 19, au lieu de laisser au créancier de l'émigré le droit de demander les intérêts de la portion de sa créance qui se trouve éteinte par la part de l'indemnité que l'édit lui accorde, aurait pu et peut-être dû déclarer ce créancier déchu de ce droit pour tout le temps qui a précédé celui à dater duquel court la jouissance de la rente.

Quant au droit de demander, sur les autres biens du débiteur, la partie de la créance à laquelle l'indemnité n'a pas pu satisfaire, il était juste de le réserver aux créanciers.

divisions passées, voudroient abandonner tout ou partie desdits biens aux anciens propriétaires ou à ceux qui les représen-
tent d'après les règles ci-dessus établies, pourront être subrogés,
du consentement desdites personnes, à leurs droits et à leurs
indemnités.

Ces arrangemens, et tous autres relatifs, seront traités à
l'amiable par les commissaires, sans préjudice des droits acquis
à des tiers sur ces mêmes biens.

Art. XXI.

Les actes qui seront passés ensuite de l'article précédent, ne
seront soumis pour l'insinuation qu'à un droit fixe d'une livre.

Les déclarations, observations, pièces à l'appui, informations, extraits de cadastre et des hypothèques, les registres et
extraits des registres de la délégation, des commissions, intendances et des juges, les brevets d'indemnité, et en général
toutes pièces ayant pour objet l'exécution du présent, autre
que l'art. 20, pourront être faits sur papier libre ; les secré-
taires et fonctionnaires publics feront mention, au bas de la
pièce, de sa destination ; ces pièces ne pourront être employées
à aucun autre usage.

Mandons et ordonnons à notre sénat de Savoie et à la
chambre des comptes, d'entériner le présent, pour l'observer
et faire observer suivant sa forme et teneur, voulant qu'à la
copie imprimée par l'imprimerie de notre gouvernement, en
Savoie, la même foi soit ajoutée comme à l'original, car tel
est notre bon plaisir.

Donné à Turin, le 22 du mois de septembre, l'an de grâce
1818, et de notre règne le dix-septième.

Vr. EMMANUEL.

D. Gattimara, p. p. et rég. Brunde, V. Corte,
Borgarelli.

FIN DE L'ÉDIT ROYAL ET DE LA CONSULTATION.